CRECER
JUGANDO

JUGANDO
CON ALMOHADAS

ANNETTE BREUCKER

Ilustraciones de Susanne Szesny

Juegos y actividades para ayudar
a los niños a reducir la agresividad

Título original: *Schmusekissen Kissenschlacht*
Publicado en alemán por Ökotopia Verlag, Münster

Traducción de Marta Pascual

Diseño de cubierta: Valerio Viano

Ilustración de cubierta e interiores: Susanne Szesny

Distribución exclusiva:
Ediciones Paidós Ibérica, S.A.
Mariano Cubí 92 - 08021 Barcelona - España
Editorial Paidós, S.A.I.C.F.
Defensa 599 - 1065 Buenos Aires - Argentina
Editorial Paidós Mexicana, S.A.
Rubén Darío 118, col. Moderna - 03510 México D.F. - México

© 1993 by Ökotopia Verlag, Münster

© 2002 exclusivo de todas las ediciones en lengua española:
Ediciones Oniro, S.A.
Muntaner 261, 3.º 2.ª - 08021 Barcelona - España
(oniro@edicionesoniro.com - www.edicionesoniro.com)

ISBN: 84-95456-90-7
Depósito legal: B-48.076-2001

Impreso en Hurope, S.L.
Lima, 3 bis - 08030 Barcelona

Índice

¡Qué suave es mi almohada! – Juegos tranquilos con almohadas

Prólogo

Del alboroto a la calma. Consideraciones preliminares en relación con la agresividad en el juego

«Llevábamos sólo un rato jugando cuando algunos niños empezaron a comportarse de una forma cada vez más agresiva, otros fastidiaban, no seguían las normas del juego, lanzaban la pelota lejos sin motivo alguno y cosas así. No sabía qué hacer (el director del juego) y al final tuve que interrumpir la actividad.»

«Habíamos estado jugando alborotadamente, pero luego no sabía cómo calmar a los niños. Estaban muy excitados y desenfrenados y no se me ocurría ningún juego tranquilo que fuera oportuno.»

«A veces los niños sólo tienen ganas de armar barullo, de pegarse y zarandearse, y normalmente, quienes sufren las consecuencias son los más pequeños y retraídos. Aunque a mí también me gusta mucho el alboroto, en esos casos casi siempre intervengo porque no puedo dejar que eso ocurra.»

Muchos hemos estado alguna vez en situaciones como éstas o similares en las cuales nos sentimos desamparados, no sabemos qué debemos hacer y acabamos reaccionando de maneras muy diversas, o bien interviniendo, o bien interrumpiendo el juego, a veces incluso alborozando nosotros mismos, gritando..., en definitiva, mostrándonos agresivos.

El miedo a no ser capaces de comportarnos como adultos, a perder el control, nos hace olvidar la necesidad que tienen los niños de vez en cuando de alborotar y desahogarse a gusto.

Además, la sociedad en la que vivimos nos obliga también a mantener el control en cualquier situación, a dominarnos, a no desenfrenarnos.

Las situaciones descritas son muy habituales en el jardín de infancia y en la escuela, pero también se producen durante las vacaciones o diariamente en casa.

La opinión de que los niños necesitan liberar su agresividad y desahogarse de vez en cuando está muy extendida.

También es habitual escuchar enunciados como el siguiente: «Los niños son cada vez más violentos; antes no era así».

Estas tendencias revelan claramente que con frecuencia mezclamos o equiparamos determinados conceptos, pero lo cierto es que liberar agresividad, desahogarse, desen-

9

frenarse, ser agresivo o ser violento no significa lo mismo aunque a veces citemos todos estos términos de un tirón sin establecer diferencias entre ellos.

Si analizamos con más detenimiento la palabra «agresividad» comprobaremos que su significado original no es equiparable al de violencia. Sin embargo, en el lenguaje cotidiano este concepto está cada vez más próximo a los de destrucción, ataque y hostilidad.

De todos modos, si entendemos la agresividad como una fuerza, es decir, como una de las formas de expresión humana, seguramente nos resultará más fácil enfrentarnos y reaccionar a ella de un modo más oportuno.

Gusti Reichel escribe en uno de sus libros: «Todo acto violento es una agresión, pero no toda agresión es violencia. Se puede ser agresivo sin ser violento; de hecho, esto es lo que entendemos por civilización».

Dado que un análisis detallado del concepto de agresión escaparía al alcance del libro, quisiera limitarme únicamente a plantear algunas cuestiones que me parecen importantes en este contexto y a proporcionar algunas ideas y sugerencias:

- Todos necesitamos delimitar nuestro espacio y expresar nuestros sentimientos de un modo enérgico y de diversas maneras.
- Todos nos comportamos de vez en cuando con agresividad y manifestamos nuestros sentimientos (de un modo verbal y no verbal).
- Posiblemente reparamos demasiado en el comportamiento agresivo de los niños y muy poco en el nuestro.
- Quizás tendemos a preocuparnos demasiado por suprimir todo tipo de comportamiento agresivo.
- Sería más importante preguntarnos por las posibles causas de dicho comportamiento (frustraciones, envidia, falta de espacio vital, miedo, desamparo...).

Retomando nuevamente los ejemplos concretos de situaciones de juego, lo cierto es que no existe ninguna receta patentada para las ocasiones en las que el juego degenera y resulta difícil lograr que el grupo recupere la tranquilidad y la calma.

De todos modos, ofrecer las condiciones ambientales adecuadas y tener en cuenta algunas consideraciones preliminares puede resultar de gran ayuda:

- Es conveniente facilitar a los niños espacio y tiempo suficiente para que se desahoguen.

- El espacio en el que se lleve a cabo el juego debe ser suficientemente grande y estar lo más vacío posible (cubierto de colchonetas); así se minimiza el riesgo de lesiones.
- Para que el juego tenga éxito es importante que los participantes estén atentos, dispuestos a colaborar entre sí y a mostrarse tolerantes con el entorno y con los demás. Esto no siempre es posible ni en todos los juegos ni con todos los grupos. Por eso, es aconsejable que los niños tengan oportunidades de jugar libremente sin estar obligados a seguir ninguna indicación.
- Los juegos de movimiento para liberar tensiones no siempre tienen que llevarse a cabo con grupos grandes. En grupos reducidos los participantes tienen más espacio y el adulto tiene más posibilidades de implicarse con cada niño en particular y de tener en cuenta sus necesidades.
- Las reglas del juego sitúan las situaciones de desenfreno dentro de unos límites determinados y si se respetan pueden facilitar el control de comportamientos violentos.

Sin embargo, ¿cómo se consigue recuperar la tranquilidad y la calma después de un juego desenfrenado? ¿O quizás no es necesario?

La experiencia me ha demostrado que es importante contemplar ambas posibilidades, es decir, prever un cambio entre juegos de movimiento para liberar tensiones y juegos tranquilos para fomentar la relajación. Todo individuo tiene por un lado la necesidad de desahogarse, de moverse y comportarse de un modo salvaje, pero por otro lado siente también el deseo de relajarse y estar tranquilo.

Los estados de calma y relajación implican contacto corporal y experiencias sensoriales. Ya incluso en el jardín de infancia se da preferencia al aprendizaje cognitivo reprimiéndose con demasiada frecuencia cualquier forma de expresión afectiva, ya sea pelearse o pegarse como tocarse o acariciarse.

La intención de este libro es precisamente incidir en estos aspectos. Por eso, cuando tuve que seleccionar de un modo consciente tanto juegos de movimiento para liberar tensiones como juegos tranquilos para fomentar la relajación, ningún otro material lúdico resultaba más adecuado para combinar el alboroto y la ternura que una almohada o cojín; una almohada ofrece multitud de posibilidades: se puede lanzar, puede servir de honda, podemos darle puñetazos, apretarla, acariciarla, arrebujarnos en ella, dejarnos caer encima, taparnos, tocarla...

Seguro que se os ocurren multitud de cosas que hacer con una almohada. La principal característica de las almohadas y cojines es que son muy blandos y por lo tanto sirven para desahogarse tranquilamente sin riesgo de hacerse daño. Además son fáciles de conseguir; seguro que todos los niños tienen alguna en casa y estarán encantados de utilizarla. En un momento reuniréis una montaña de cojines y almohadas sin incurrir en coste alguno. Asimismo, las almohadas y cojines tienen diferentes formas y colores, circunstancia que también da lugar a algunos juegos fantásticos; y por último, una habitación llena de almohadas estimula de por sí la fantasía y la creatividad de los niños.

Todos los juegos incluyen indicaciones respecto a la edad más adecuada. La mayoría de los aquí recopilados pueden llevarse a cabo con grupos de cualquier edad, desde niños muy pequeños hasta adolescentes y adultos. En definitiva, los juegos con almohadas resultan adecuados para todos aquellos a quienes les guste jugar.

No es imprescindible combinar los juegos incluidos en el primer capítulo con los del segundo. Por supuesto podéis practicar sólo juegos de movimiento para liberar tensiones o sólo juegos tranquilos para fomentar la relajación.

¡Espero que os divirtáis mucho!

Una observación final con respecto a la terminología

Quisiera pedir disculpas, pues para que el libro resulte más legible he optado por evitar las terminaciones de género femenino y por eso veréis que me refiero siempre al jugador o jugadores en lugar de el/la jugador/a o los/las jugadores/as.

Sería deseable que se inventara por fin una solución eficaz a este problema, ya que repetir constantemente que también nos referimos a niñas o mujeres resulta redundante.

¡GUERRA DE ALMOHADAS!

Juegos de movimiento con almohadas

Bandada de mosquitos

Material: el mayor número de almohadas posible y colchones.

Jugadores: mínimo 3 personas.

Edad: a partir de 3 años.

¡Imaginaos que las almohadas son mosquitos peligrosos que continuamente os quieren picar en el trasero! Tendréis que prestar mucha atención para protegeros la retaguardia en el momento preciso, pues cuando a un jugador le pique un mosquito tendrá que dar un grito de dolor y dejarse caer sobre el colchón.

Para este juego es conveniente que el espacio esté lo más vacío posible y cubierto de colchones; en cada esquina habrá una nube de mosquitos (almohadas).

El juego puede empezar. Los mosquitos os atacan por todos lados zumbando a vuestro alrededor. Cada jugador puede lanzar su mosquito e intentar alcanzar a otro en el trasero. ¡Mucho cuidado! Debéis proteger muy bien la retaguardia pues cuando uno reciba un picotazo deberá dar un grito, dejarse caer sobre el colchón y frotarse el trasero antes de seguir participando en este divertido ataque.

Almohadas salvajes

Material: 50 almohadas como mínimo.

Jugadores: mínimo 50 personas.   **Edad:** a partir de 6 años.

Este juego está pensado para un grupo numeroso. Cada persona tiene una almohada. Con tiza o cinta adhesiva se marca un círculo de aproximadamente tres metros de diámetro en el centro de la habitación. Al inicio del juego, el director indica un número a cada uno de los participantes que éstos deberán recordar. Al ritmo rápido de la música los jugadores empiezan a moverse alrededor de la habitación con sus almohadas. Cuando la música cesa, todos deben detenerse en su sitio y lanzar la almohada al interior del círculo intentando formar con ellas una torre alta y multicolor. Seguidamente el director del juego dirá un número en voz alta. Entonces, la persona cuyo número sea el citado puede lanzarse de un salto sobre la torre de almohadas.

También pueden nombrarse varios números uno detrás de otro. En ese caso, el jugador que esté encima de la torre en ese momento deberá prestar atención y apartarse rápidamente para dejar sitio al siguiente. Cuando la música vuelva a sonar, los jugadores seguirán moviéndose por la habitación con su almohada.

Atrapar almohadas

Material: una almohada por pareja.

Jugadores: mínimo 2 personas.   **Edad:** a partir de 3 años.

Los jugadores se colocan por parejas unos frente a otros a una distancia determinada que varía según la edad. Cada pareja tiene una almohada. Uno de los miembros de la pareja se la colocará sobre el empeine e intentará pasársela a su compañero sin que caiga al suelo. El otro intentará atraparla con un pie. Si consiguen pasarse la almohada uno a otro y devolverla sin que se caiga, pueden ir aumentando la distancia entre ellos.

Tela de araña

Material: muchos restos de madejas de lana, una almohada.

Jugadores: 10 como mínimo, máximo 30 personas.   **Edad:** a partir de 3 años.

Seguro que en casa tenéis restos de madejas de lana con los que podéis organizar un divertido juego con almohadas que requiere alguna preparación.

Los diferentes restos de lana se tensan en sentido vertical y horizontal por toda la habitación formando una tela de araña. Tenéis que tejer las lanas en sentido vertical y horizontal por toda la habitación pasando cada hebra por encima y por debajo de otra. Como puntos de sujeción podéis usar, por ejemplo, la pata de una silla, el asa de una puerta, el pasador de la ventana, perchas de armario...

Luego los jugadores se reparten en dos grupos y cada grupo se sitúa en lados opuestos de la habitación. En el centro de la tela de araña se coloca una almohada.

Seguidamente, un miembro de cada grupo debe intentar llegar a la almohada del medio lo más rápido posible y sentarse encima. Para alcanzar la almohada los dos jugadores deben cruzar la tela de araña pasando por debajo y por encima de las hebras de lana. El primero de los dos que llegue a la almohada conseguirá un punto para su equipo. El perdedor podrá decidir el modo en que los dos jugadores siguientes deberán llegar hasta ella, por ejemplo a gatas, con los ojos cerrados, de espaldas, de lado, etc.

Construcciones volantes

Material: una superficie de cierta altura (por ejemplo, una mesa, un banco de gimnasia, una estantería mediana), cajas de cartón de diferentes tamaños, almohadas (tantas como jugadores).

Jugadores: mínimo 1 persona.   **Edad:** a partir de 3 años.

Sobre una mesa, un banco de gimnasia o una estantería de media altura, se amontonan cajas de cartón de diferentes tamaños.

El director del juego marca una línea de salida con cinta adhesiva o con tiza. Cuando los jugadores son niños pequeños, la línea de salida se dibujará a una distancia máxima de entre uno y dos metros del muro de cajas. Si los jugadores son más mayores, puede estar más alejada.

Los jugadores se alinean detrás de la línea de salida. Delante de ellos se levanta una montaña de almohadas. A continuación, todos los jugadores deberán intentar alcanzar las cajas de cartón con las almohadas.

Variantes:
1. Se disponen diversos montones de cajas uno junto a otro y se marcan con un número (por ejemplo, del uno al cinco). Los jugadores deben intentar ordenar los montones siguiendo el orden correcto de los números.
2. El juego se vuelve más difícil si en cada ronda participa únicamente un jugador con un número determinado de almohadas para cada intento.

Derribar el muro

Material: muchas almohadas.

Jugadores: mínimo 2 personas.   **Edad:** a partir de 3 años.

Todos los jugadores construyen un muro de almohadas lo más alto posible. Para que el muro sea más estable, se pueden disponer dos líneas de almohadas una detrás de otra.

Al dar la orden de salida, todos se lanzan con gran griterío contra el muro para derribarlo.

Saltar con la carga encima

Material: una cuerda de saltar de aproximadamente 3 metros de longitud para cada grupo de 3, varias almohadas, varios pañuelos.

Jugadores: mínimo 3 personas.   **Edad:** a partir de 3 años.

Seguro que todos sabéis saltar a la comba..., pero ¿habéis probado alguna vez a saltar con una gran barriga o un trasero inmenso? Desde luego es muy divertido, pero también bastante incómodo.

Los jugadores se agrupan de tres en tres. Cada grupo dispone de una comba, tres o cuatro almohadas y varios pañuelos, según los que sean necesarios.

En primer lugar, dos de los miembros del grupo disfrazan al tercero con las almohadas colocándole una debajo del jersey como si fuera la barriga, otra dentro del pantalón a modo de trasero y una tercera sobre la espalda como una gran joroba, o incluso en la cabeza, atada con un pañuelo, como un turbante. Si los niños son pequeños, bastará con una almohada.

A continuación, los dos primeros dan vueltas a la comba y el de las almohadas tiene que saltar. ¡Seguro que no resiste demasiado tiempo! Luego los jugadores intercambian los papeles.

De la A a la Z

Material: de 8 a 10 almohadas de cada color (rojas, amarillas, a cuadros...). Si no se dispone de tantas almohadas del mismo color, también se pueden marcar con cinta adhesiva de diferentes colores.

Jugadores: mínimo 20 personas.   **Edad:** a partir de 6 años.

El juego empieza con una gran guerra de almohadas, en la que los jugadores se lanzan las almohadas de colores unos a otros. Cuando suene la señal acordada previamente (un gong, una bocina, un silbato...), cada jugador deberá atrapar una almohada al vuelo y agruparse con los que tengan otra del mismo color. Entonces, el director del juego pronunciará una letra en voz alta, por ejemplo, la «B».

Seguidamente, cada grupo deberá formar la letra pronunciada disponiendo las almohadas sobre el suelo lo más rápido posible y procurando que todas se toquen entre sí.

Cuando la música vuelva a sonar, empezará la ronda siguiente con una guerra de almohadas.

Viaje musical con almohadas

Material: almohadas de diferentes colores (varias de un mismo color); el número depende del número de participantes. Diferentes instrumentos (por ejemplo, flauta, silbato, carraca, campana, dos tapaderas, tambor).

Jugadores: mínimo 1 persona.   **Edad:** a partir de 3 años.

El director del juego dispone diversas almohadas de colores sobre el suelo de la habitación, procurando dejar siempre cierta distancia entre cada dos.

El juego consiste en realizar un breve viaje en el que los jugadores deben reaccionar con un movimiento determinado a los instrumentos que vayan sonando. Antes de empezar se asocia el color de las almohadas con cada uno de los instrumentos. Por ejemplo:

Flauta: Todos buscan una almohada de color rojo, se colocan encima y se mueven como una serpiente siseante.

Tambor: Los jugadores buscan una almohada azul y caminan sobre ella como pesados elefantes.

Carraca: Los jugadores se acurrucan junto a otros compañeros sobre las almohadas amarillas para protegerse de los fantasmas que se aproximan.

Campana: Como grandes campanas, los participantes se balancean a uno y otro lado encima de las almohadas verdes.

Se pueden incorporar otros instrumentos y asociarlos a otros movimientos.

Al principio, los jugadores caminan alrededor de las almohadas. Al sonar un instrumento, todos buscan rápidamente un sitio sobre una del color correspondiente.

Por ejemplo, si suena el tambor, los jugadores se suben encima de las almohadas azules (sobre una misma almohada se pueden situar diversas personas) y caminan sobre ellas como los elefantes.

Si la música cesa o se incorpora otro instrumento, los jugadores abandonan la almohada azul y siguen caminando alrededor de las almohadas o, en su caso, buscan una de otro color. El director del juego debe ir aumentando paulatinamente el ritmo en el que se van sucediendo los diferentes instrumentos.

Almohada voladora

Material: una cuerda larga (por ejemplo, una cuerda de juego de magia), un pañuelo por pareja de jugadores (tamaño aproximado: 80 x 80 cm), una almohada.

Jugadores: número par de jugadores, mínimo 12 personas.

Edad: a partir de 6 años.

Para este juego se precisa un campo marcado. En el centro del campo se fija una cuerda en sentido horizontal, a una altura aproximada entre un metro y medio y dos metros. Los jugadores se reparten en dos grupos iguales y cada grupo se coloca en una mitad del campo. Los componentes de cada grupo se distribuyen por parejas; cada pareja tiene un pañuelo que deberá mantener tensado agarrándolo por las cuatro esquinas. ¡Todo está a punto para que el juego empiece!

El juego consiste en lanzar la almohada por encima de la cuerda. Los jugadores de un mismo equipo pueden pasársela entre ellos hasta tres veces antes de lanzarla a la otra mitad del campo, pero sólo les está permitido atraparla con el pañuelo y volverla a lanzar.

Para lanzar la almohada a otro pañuelo, pueden ayudarse con alguna parte del cuerpo (hombros, cabeza, pies), pero si va a parar al suelo o fuera del campo de juego, el equipo contrario ganará un punto.

Previamente todos juntos deberán acordar cuál será la puntuación máxima.

Indicación:
Es conveniente que antes de empezar el partido los jugadores practiquen un poco a atrapar y lanzarse la almohada en grupos de cuatro personas, es decir, dos parejas y una almohada.

Variante:

Encima de la cuerda se tiende un pañuelo grande que llegue hasta el suelo de modo que la almohada lanzada desde el campo contrario no se vea hasta el último momento.

Con esta variante es necesario nombrar un árbitro para que el juego sea más justo.

Cruzar el pantano

Material: muchas almohadas (según la descripción del juego).

Jugadores: mínimo 2 personas.   **Edad:** a partir de 3 años.

La idea es que os encontráis en una inmensa zona pantanosa y debéis tener mucho cuidado por donde pisáis para no hundiros.

Se disponen las almohadas sobre el suelo irregularmente, es decir, de modo que la distancia entre cada dos sea diferente, pero teniendo en cuenta que sea suficiente como para sortear cada almohada por encima dando un salto con los pies y las piernas juntas.

Los jugadores tienen que atravesar este «pantano» y llegar al otro lado. Pero deberán tener mucho cuidado, pues si pisan una almohada se hundirán en el pantano dando un grito y deberán volver a empezar desde el principio.

Para realizar la peligrosa travesía cada jugador puede escoger su propio camino, pero el pantano sólo puede traspasarse dando saltos con los pies y las piernas juntas.

¡A ver quién es capaz de llegar al otro extremo del pantano sin pasar la angustia de hundirse en él!

Variante:

También se pueden formar dos grupos con el mismo número de jugadores y jugar por turnos. En ese caso, cada jugador debe realizar el peligroso trayecto de ida y vuelta por el terreno pantanoso antes de que el siguiente empiece.

El paseo de las ranas

Material: muchas almohadas (según la descripción del juego).

Jugadores: mínimo 6 personas.   **Edad:** a partir de 3 años.

Para este juego se disponen las almohadas por la habitación igual que en el juego anterior.

Al ritmo de una música rápida los jugadores saltan como ranas por encima de ellas en todas direcciones. Cuando el director del juego interrumpe la música, cada rana busca rápidamente una almohada sobre la que posarse. Sobre una misma almohada también pueden sentarse dos o más ranas. Al sonar la música de nuevo, todas las ranas siguen saltando.

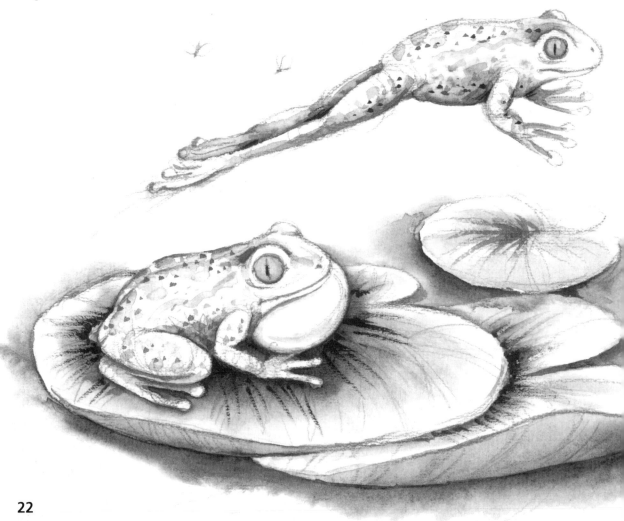

Saltos de rana

Material: muchas almohadas.

Jugadores: mínimo 8 personas.   **Edad:** a partir de 3 años.

A veces las ranas tampoco tienen ganas de mojarse, pero ¿qué pasa si quieren ir a visitar a sus amigas? ¿Cómo lo hacen?

Por suerte el estanque está repleto de hojas de nenúfar y, con un poco de destreza, hoy no tendrán que mojarse.

Se distribuyen las almohadas por el suelo de la habitación, colocándolas de dos en dos como si fueran hojas de nenúfar y procurando que la distancia entre cada par sea tal que las ranas puedan trasladarse de una hoja a la otra de un salto.

A continuación las ranas se colocan encima de las hojas de nenúfar y todo está ya a punto para que empiecen a saltar.

Si dos ranas se tropiezan en la misma hoja, tendrán que apretujarse bien y tener cuidado ya que una de las dos puede caerse al agua.

El director del juego debe practicar los saltos con las ranas antes de empezar a jugar.

Indicación:

Para este juego es conveniente que el suelo de la habitación esté cubierto con una alfombra o moqueta, ya que en caso contrario las ranas resbalan y se caen con mucha facilidad.

El país de los glotones

Material: una almohada para cada jugador, música rápida.

Jugadores: mínimo 4 personas.   **Edad:** a partir de 3 años.

Imaginaos un país en el que sólo vive gente muy gorda con una barriga descomunal.

Cada jugador se coloca una almohada debajo del jersey.

El director del juego hace sonar una música rápida. Por supuesto, a los gordos les gusta mucho bailar pero, con su inmensa barriga, les cuesta un gran esfuerzo.

El director del juego puede ir incorporando también algunas normas, como por ejemplo:

- Las barrigas no pueden tocarse entre sí.
- Ahora tenéis que chocar con fuerza con todos los gordos con los que os crucéis.
- A veces los gordos se rascan unos a otros la barriga con fruición.
- Todos los gordos bailan ahora muy juntos en el centro de la habitación.
- Los gordos empiezan a dar vueltas muy rápido como peonzas hasta que se caen.

Peonza de almohadas

Material: dos almohadas.

Jugadores: mínimo 10 personas.   **Edad:** a partir de 3 años.

Los jugadores se colocan muy juntos formando un círculo con las caras mirando hacia el interior. Un jugador sostiene una de las almohadas en la mano; el jugador que está justo enfrente del primero sostiene la segunda en el otro lado del círculo.

Las almohadas deben ser de diferente color.

Se trata de que una almohada atrape a la otra. Para ello los jugadores deberán pasárselas uno a otro rápidamente.

De vez en cuando el director del juego puede indicar un cambio de dirección.

Caliente, caliente, quemando

Material: una almohada por pareja, una pelota y un cubo con agua por grupo.

Jugadores: mínimo 12 personas.   **Edad:** a partir de 3 años.

Imaginaos que tenéis que transportar una cosa que está muy, muy caliente a un lugar en el que pueda enfriarse. Sólo lo conseguiréis si lo hacéis en grupo ya que, como el objeto está tan caliente, no podéis tocarlo con las manos.

Cada grupo se compone de seis jugadores que deben agruparse por parejas. Cada pareja dispone de una almohada, que deben coger por los cuatro extremos. Las tres parejas del mismo grupo se colocan una detrás de otra en la línea de salida.

Los grupos se sitúan uno al lado del otro. Al final del trayecto hay un cubo con agua para cada grupo.

Cuando los grupos de jugadores están listos en sus puestos de salida, se coloca la «mercancía caliente» (una pelota) encima de la almohada de la última pareja del grupo y ya puede ponerse en marcha la cinta transportadora.

Los jugadores tienen que hacer avanzar el objeto hacia delante pasándolo de almohada en almohada y sin tocarlo con las manos. Los mismos jugadores pueden determinar la distancia entre cada una de las parejas. Si la distancia es mayor también pueden lanzar el objeto, pero si la mercancía caliente se cae al suelo, el grupo tendrá que volver a empezar desde la línea de salida.

Cuando una pareja haya trasladado el objeto a la siguiente deberá colocarse rápidamente en la posición delantera. De este modo se va prolongando la cinta transportadora hasta llegar al cubo con agua fría. Gana el grupo que antes lo consiga.

El castillo de los fantasmas

Material: una silla por persona, almohadas de diferentes colores
(según la descripción del juego), maquillaje.

Jugadores: mínimo 6 personas. **Edad:** a partir de 3 años.

Se distribuyen las sillas por la habitación (una silla por jugador) teniendo en cuenta que la distancia entre silla y silla sea suficiente como para moverse cómodamente entre ellas. Luego colocamos almohadas de diferentes colores encima de las sillas; algunas tienen que quedar vacías. Antes de empezar, el director del juego explica a los jugadores qué deben hacer al escuchar un color, es decir, cuando el director diga un color, todos deberán buscar rápidamente una silla con la almohada del color correspondiente y sentarse en ella. Cuando no queden sillas libres, los jugadores pueden sentarse unos encima de otros. Si el director del juego pronuncia las palabras «sin color», entonces los jugadores deberán buscar rápidamente una silla sin almohada y sentarse en ella.

Los jugadores empiezan paseándose entre las sillas mientras el director cuenta una emocionante historia que podría empezar como sigue:

«Voy a contaros una historia muy peculiar que me pasó hace poco. Era casi medianoche e iba con mi coche conduciendo cuando de pronto pasé por delante de un gran castillo. El edificio estaba completamente a oscuras. Bajé del coche y me dirigí hacia la puerta principal. Al tirar de la campana se oyó un fuerte sonido y se encendió una luz verde».

En este momento los jugadores deben reaccionar rápidamente y buscar una silla con una almohada de color verde.

El director del juego continúa contando la historia y los jugadores se mueven de nuevo entre las sillas. A medida que avanza el relato el director del juego puede aumentar el ritmo haciendo aparecer diferentes colores uno detrás de otro cada vez más rápido. Por ejemplo:

«El mayordomo me condujo a las habitaciones del piso superior del castillo. Lo extraño era que cada habitación estaba pintada de un color diferente. Había una amarilla (hacer una pausa)... una roja (pausa)...».

Cuando un jugador se equivoque y se siente en una silla con la almohada del color erróneo, se le pintará un punto en la cara con el maquillaje...

¿Quién acabará siendo el payaso con la cara más pintarrajeada?

Lanzamiento de almohadas

Material: cinta adhesiva o tiza, 20 almohadas como mínimo.

Jugadores: mínimo 8 personas.   **Edad:** a partir de 3 años.

En este juego los jugadores se distribuyen en dos grupos de igual número. Antes de empezar cada grupo debe adoptar una señal identificativa, por ejemplo, una cinta de diferente color.

Como superficie de juego sirve una habitación grande, un gimnasio o también un espacio grande al aire libre, donde debe marcarse con tiza o con cinta adhesiva un campo de juego de dimensiones adecuadas al número de jugadores. El director del juego se sitúa detrás de una línea de salida con un número considerable de almohadas, y los jugadores se distribuyen en el campo de juego.

A continuación el director del juego coge una almohada por una punta, la hace girar por encima de la cabeza y la lanza al interior del campo. Y así va arrojando todas las almohadas una detrás de otra. El jugador que atrape una almohada al vuelo ganará un punto para su equipo. El grupo que primero consiga diez puntos designará al lanzador de almohadas en la ronda siguiente.

Lanzar y dar palmadas

Material: una almohada.

Jugadores: 1 persona.   **Edad:** a partir de 3 años.

Este juego está pensado para una persona.

El niño coge una almohada y la lanza al aire. Mientras la almohada está en el aire, da una palmada.

Luego puede ir aumentando el número de palmadas, pero para ello tiene que lanzar la almohada cada vez más alto.

Variantes:
- dar un giro mientras la almohada está en el aire;
- dar un salto mientras la almohada está en el aire.

Estrella de cifras

Material: una almohada para cada jugador, tiza o cinta adhesiva, una pandereta o un tambor (o cualquier otro instrumento).

Jugadores: mínimo 6 personas.   **Edad:** a partir de 6 años.

El director del juego dibuja con tiza una estrella en el suelo de una habitación espaciosa y escribe un número en cada una de las zonas que quedan entre las puntas, más o menos como la estrella que aparece en el dibujo de la página siguiente.

Tenemos pues seis campos de juego con diferentes números.

Cada jugador cogerá una almohada, deberá sostenerla apretándola entre las piernas y, sin soltarla, empezará a pasar aleatoriamente de una zona a otra de la estrella siguiendo el ritmo que marca el director del juego con la pandereta o cualquier otro instrumento.

En un momento dado el director del juego interrumpirá la música y dirá un número, por ejemplo: «¡El tres!».

Los jugadores deben detenerse allí donde estén e intentar lanzar la almohada a la zona marcada con el número tres.

Los jugadores que en ese momento se encuentren en la zona con el número tres habrán tenido suerte.

Cuando la música vuelva a sonar, cada jugador cogerá una almohada y seguirá moviéndose de un área a otra de la estrella.

Este juego resulta especialmente divertido para niños entre tres y seis años.

Cuanto mayor sea la superficie y, por tanto, cuanto más alejados estén los campos entre sí, más difícil resultará el juego.

Panecillos de levadura

Material: muchas almohadas (según el número de jugadores y según la descripción del juego).

Jugadores: mínimo 10 personas.   **Edad:** a partir de 3 años.

Como cualquier alimento al que se añade levadura, los panecillos de levadura aumentan de tamaño al hornearlos. Imaginaos ahora que todos juntos somos un inmenso panecillo de levadura que va hinchándose lentamente y aumentando de tamaño cada vez más.

Nos colocaremos muy juntos en círculo e intentaremos formar un panecillo de levadura tal como sigue:

Cada uno se coge a los compañeros que tiene al lado por las caderas. Luego rellenamos el centro del círculo con almohadas y todos apretamos fuerte con la barriga para que ninguna se caiga al suelo.

Ahora tenemos el panecillo de levadura preparado y, por supuesto, no puede deshacerse porque alguien querrá comérselo después, pero todavía falta un rato.

Al ritmo de cualquier conocida melodía popular a la que podemos adaptar un texto adecuado, el panecillo va realizando toda clase de movimientos (dar vueltas en círculo, andar en cuclillas...)

Un posible texto para la canción sería:

«Panecillo, panecillo,
¿puedo comerte ahora? ¡Ahora no!
Te comeré... ¡el lunes!
¡Ay! ¡Ojalá fuera lunes!
(Luego se puede ir sustituyendo por martes, miércoles...)
¡Hasta entonces no puedo comerte!
Entonces... ¡el martes!»

¿Aguantará el panecillo sin deshacerse hasta que finalice la semana?

Variante fácil:

Si os resulta demasiado difícil que un panecillo tan grande no se deshaga, podéis probar de cuatro en cuatro. En ese caso cada grupo rellena el centro del círculo con tantas almohadas como sea posible. Seguro que estos panecillos aguantan toda una semana sin deshacerse.

Cuando soy feliz

Material: una almohada para cada jugador.

Jugadores: mínimo 1 persona.   **Edad:** a partir de 3 años.

Antes de empezar, el director del juego explicará a los participantes que cuando una persona es feliz suele hacer muchas locuras y que el juego consiste en representar todo lo que se puede hacer en una situación así.

Los jugadores se colocan en círculo con una almohada encima de la cabeza. Se trata de mantenerla en esa posición a la vez que se van repitiendo los movimientos que el director del juego realiza, por ejemplo:

- correr muy deprisa sin moverse del sitio;
- girar sobre sí mismo;
- gritar «¡viva!» en voz alta;
- moverse en zigzag;
- agacharse;
- inclinarse;
- saltar;
- mover la cabeza con cuidado;
- dar patadas en el suelo;
- hacer muecas tontas;
- abrazar al compañero de la izquierda y luego al de la derecha;
- levantar los brazos con alegría.

Variante:

El jugador al que se le caiga la almohada será el siguiente en indicar los movimientos.

Camellos en el desierto

Material: una almohada para cada jugador, diferentes obstáculos (según la descripción del juego).

Jugadores: mínimo 2 personas. **Edad:** a partir de 3 años.

Una caravana de camellos atraviesa el desierto y tiene por delante un duro trayecto.

Los jugadores se dividirán en dos grupos iguales: los componentes de uno son los camellos, que caminan a gatas uno detrás de otro, y los del otro los camelleros, que cargan los camellos con almohadas antes de empezar. ¡Todo está listo para iniciar el viaje!

Previamente se habrán colocado por toda la habitación diferentes obstáculos como bancos, mesas, sillas, caballetes, etc.

Los camelleros caminan junto a los camellos procurando que la carga no se caiga. Mientras tanto, el director del juego explica un emocionante relato sobre el viaje, que hará el juego mucho más interesante.

El relato podría incluir los siguientes elementos:

- Estamos atravesando el desierto. Los camellos tienen cada vez más dificultades para avanzar. Los camelleros han de emplear todas sus fuerzas para obligar a los camellos a seguir adelante.
- Ante nosotros se levanta una inmensa duna de arena que tenemos que atravesar (pasar por encima de una mesa).
- Los camellos divisan un oasis a lo lejos y se dirigen hacia él a toda velocidad.
- Nos sorprende una tormenta de arena y tenemos que seguir guiando a los camellos con los ojos cerrados.
- Hace un sol abrasador y tanto los camellos como los camelleros se dejan caer exhaustos sobre el suelo para descansar un momento.
- Dejamos atrás el desierto y llegamos a un terreno pantanoso donde los camellos se abren paso con cuidado.
- Ahora pasamos por un estrecho desfiladero de pronunciadas pendientes a derecha e izquierda (pasar por encima de un banco manteniendo el equilibrio).
- Después llegamos a un gran mercado anual donde vendemos una parte de la carga (descargar algunas almohadas).
- Por el camino nos encontramos a un amigo que nos pide si le podemos llevar el equipaje (volver a cargar más almohadas).

Seguro que se os ocurren todavía otros obstáculos, aventuras y peligros que sortear en vuestro viaje.

En el viaje de regreso, camellos y camelleros se intercambian los papeles.

Zigzag

Material: muchas almohadas (según la descripción del juego).

Jugadores: mínimo 10 personas.   **Edad:** a partir de 10 años.

Los jugadores se sitúan unos frente a otros en dos filas separadas por una distancia aproximada de dos metros. Entre cada uno de los jugadores de una misma fila debe haber una separación de un metro aproximadamente. Los jugadores de las filas enfrentadas están en posiciones alternas (véase ilustración).

El primer niño coge una almohada y la lanza a su compañero de enfrente. Los jugadores deberán ir pasándose la almohada en el sentido que indica la flecha. El primer niño sigue poniendo almohadas en movimiento sin parar.

Cuando una almohada llegue al final de la fila, el último jugador deberá alinearse con la suya al principio de su fila. Los primeros de la fila siempre deben seguir poniendo almohadas en juego y por eso debe procurarse que haya una gran montaña de ellos en ese punto.

Sin embargo, hay que estar muy atentos, porque si algún jugador cambia la forma de lanzar la almohada, por ejemplo, da un giro y luego la lanza, o la lanza a la pata coja, o en cuclillas, todos los demás deberán imitarle rápidamente y pasar la almohada que les llegue de la misma manera hasta que otro jugador vuelva a cambiar.

Este juego requiere mucha práctica y destreza. Por eso resulta especialmente indicado para adolescentes y adultos.

¡Mucha atención!

Material: una almohada por jugador, música de baile, tarjetas de símbolos (según la descripción del juego).

Jugadores: mínimo 20 personas.   **Edad:** a partir de 3 años.

Para este juego se necesitan algunas tarjetas de símbolos que el director del juego debe confeccionar previamente con cartulina o cartón.

En cada tarjeta se dibujará un símbolo, por ejemplo, un círculo, un triángulo, una flecha, un signo de admiración, una letra, etc.

Una vez se dispone de las tarjetas, el juego puede empezar.

Los jugadores bailan libremente con sus almohadas por la habitación al ritmo de una música alegre. De pronto, el director del juego interrumpe la música y muestra en alto una tarjeta con un símbolo.

Rápidamente los niños deben reproducir todos juntos el símbolo aparecido colocando las almohadas sobre el suelo.

Una vez el grupo haya realizado su cometido, cada niño seguirá bailando con una almohada hasta que la música vuelva a interrumpirse.

Este juego también se puede llevar a cabo con dos o más grupos. En ese caso, cada grupo se identificará con una cinta del mismo color y cuando la música deje de sonar, los jugadores del mismo grupo deberán agruparse y formar el símbolo. Esta variante resulta muy divertida porque los componentes de los grupos suelen chocar unos con otros por la habitación.

Rayuela de almohadas

Material: una piedra, mínimo 7 almohadas.

Jugadores: mínimo 2 personas.   **Edad:** a partir de 3 años.

¿Habéis jugado alguna vez a la rayuela con almohadas?

Es un poco más difícil que cuando se juega en un campo marcado con tiza, pero cambiar el recorrido a seguir es más sencillo y más rápido.

Se colocan las almohadas sobre una superficie cubierta con una alfombra o con moqueta (para que no se deslicen) formando un recorrido. Luego, el primer jugador se sitúa delante de la primera almohada con una piedra pequeña en la mano, lanza la piedra a la primera almohada, salta a la pata coja para coger la piedra y regresa a su sitio (siempre a la pata coja).

A continuación debe lanzar la piedra a la segunda almohada, y así sucesivamente.

Si el jugador no lanza la piedra a la almohada indicada, si pierde el equilibrio y apoya los dos pies en el suelo o si salta al lado de la almohada, deberá ceder el turno a otro jugador.

Cuando hayáis adquirido un poco de destreza podéis seguir jugando con un recorrido más difícil. También se pueden adoptar diferentes maneras de saltar.

La danza del vientre

Material: una almohada por jugador y un bastón de baile.

Jugadores: mínimo 5 personas. **Edad:** a partir de 3 años.

Cada jugador coge el bastón de baile con una mano y lo sostiene en alto en sentido vertical. En la punta del bastón se coloca una almohada.

Se trata de bailar la danza del vientre al ritmo de la música (la más adecuada es naturalmente una melodía oriental).

Los niños deben intentar mantener la almohada sobre el bastón mientras bailan.

El director del juego tiene que bailar con los jugadores e ir indicando diferentes movimientos que hay que imitar.

Variante:
Los jugadores bailan simultáneamente en un espacio muy reducido.

Muecas grotescas

Material: entre 5 y 10 almohadas.

Jugadores: mínimo 5 personas.   **Edad:** a partir de 3 años.

Los niños se colocan juntos y a diferentes alturas como para una fotografía de grupo. Uno de los jugadores se sitúa a una distancia de unos tres metros del grupo con un montón de almohadas delante.

A continuación el grupo tiene que hacer todo tipo de muecas grotescas y el niño que está delante puede apuntar al rostro que quiera con las almohadas. Cuando alcance una cara con la almohada lanzada, el niño en cuestión deberá cambiar la mueca.

En este juego el niño que lanza las almohadas debería cambiar con mucha frecuencia, pues es muy divertido que todos tengan la oportunidad de contemplar tantas muecas grotescas a la vez.

Caos de almohadas

Material: cinta adhesiva, mínimo 20 almohadas.

Jugadores: mínimo 10 personas.   **Edad:** a partir de 3 años.

Para este juego se precisa una sala grande (gimnasio) o un espacio exterior asfaltado.

Los jugadores se dividen en dos grupos. En el centro de la superficie de juego se marcan con cinta adhesiva dos grandes cuadrados cuyos lados tengan un tamaño aproximado de dos metros. Entre ambos cuadrados debe haber una separación de un metro a un metro y medio aproximadamente. Luego se adjudica un cuadrado a cada grupo.

Junto a la línea de salida se prepara un gran montón de almohadas.

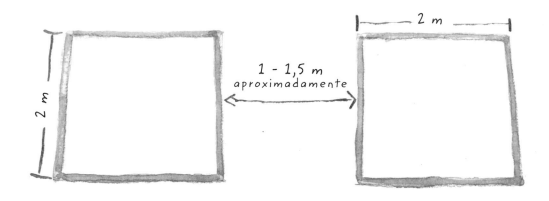

Todos los jugadores se sitúan detrás de la línea de salida y, al oír la señal de inicio, deben intentar colocar tantas almohadas como puedan en el interior de su cuadrado, teniendo en cuenta que para ello deben colocárselas encima de los pies y lanzarlas. La separación de la línea de salida debe determinarse en función de la edad de los participantes. En cualquier caso es recomendable no marcar la línea de salida demasiado lejos en la primera ronda e ir aumentando la distancia a medida que los jugadores adquieran práctica.

Cada jugador podrá lanzar sólo una almohada en cada intento, y no está permitido acumularlas. Cada lanzamiento se realizará desde la línea de salida; las almohadas que vayan a parar al cuadrado del grupo contrario se anotarán en el marcador de este último.

Las almohadas que vayan a parar fuera de los cuadrados podrán recogerse y volver a ser utilizadas. El juego termina cuando todas las almohadas están colocadas en los cuadrados.

Las que caen encima de la línea también son válidas.

Indicación:

Este juego suele dar lugar a discusiones. Por eso es aconsejable nombrar uno o dos árbitros.

Variante para niños pequeños:

Este juego también puede llevarse a cabo con niños pequeños. En ese caso, la línea de salida debe situarse muy cerca de los cuadrados y en lugar de realizar el lanzamiento con los pies pueden hacerlo con las manos.

Variante conjunta:

También se puede jugar con un solo cuadrado y, en este caso, todos los jugadores intentan colocar las almohadas en el cuadrado lo más rápido posible.

Para fijar el intervalo temporal podemos remitirnos a la duración de una pieza musical. Así, mientras suene la música, los jugadores tienen tiempo de situar las almohadas en el campo, y cuando termine la canción, tienen que haber cumplido su cometido.

En esta variante también está permitido que los jugadores que en ese momento estén recogiendo almohadas las lancen a los compañeros que están en la línea de salida.

Tirarse al pantano

Material: mínimo 10 almohadas.

Jugadores: mínimo 4 personas.   **Edad:** a partir de 3 años.

En primer lugar, se construye un pantano (un área redonda de un metro de diámetro aproximadamente) colocando las almohadas sobre el suelo.

Los jugadores se sitúan en círculo alrededor del pantano y se cogen de las manos. En
torno a un pantano debe haber sólo cuatro personas como máximo.

Ahora, los niños han de intentar tirarse unos a otros al interior del pantano. La primera vez que uno caiga dentro del pantano tendrá que quitarse los zapatos; la segunda, se quitará los calcetines, y la tercera, tendrá que lavarse rápidamente los pies antes
de poder ponerse de nuevo los calcetines y los zapatos.

Luego puede empezar la ronda siguiente.

Transporte con obstáculos

Material: una almohada por jugador, obstáculos varios (según la descripción del juego), una cuerda.

Jugadores: mínimo 6 personas.   **Edad:** a partir de 3 años.

Se requiere una superficie grande, es decir, una habitación espaciosa o un prado.

Cada uno coge una almohada y se coloca detrás de la línea de salida marcada previamente en un extremo del campo.

Los jugadores se colocan la almohada encima de un pie.

A la señal de inicio, deben lanzarla con el pie lo más lejos posible. Luego se recogerá la almohada en el punto exacto donde haya caído y se volverá a lanzar desde allí.

A lo largo de todo el recorrido pueden instalarse diversos obstáculos, por ejemplo, una cuerda tensada horizontalmente, un banco de gimnasia, un potro y otros objetos similares. Quien consiga llegar al otro lado del campo debe cubrir el trayecto en el sentido inverso.

Variantes:
- Los jugadores se dividen en dos grupos y cada grupo empieza el recorrido en lados opuestos del campo. ¡Seguro que con tanto tráfico se produce algún choque!
- En esta segunda variante se debe hacer el recorrido de ida y vuelta igualmente, pero a la vuelta los jugadores deben lanzar la almohada de espaldas en dirección a la línea de salida.
- Una variante muy emocionante es jugar al aire libre. Sin embargo, primero habrá que aclarar si está permitido ensuciar las almohadas. Lo más adecuado es buscar un prado o una zona boscosa y marcar el final del recorrido con una cuerda. En esta variante no se podrá tocar ningún árbol con las almohadas.

Laberinto chiflado

Material: cinta adhesiva, una almohada para cada jugador.

Jugadores: mínimo 6 personas.   **Edad:** a partir de 3 años.

En el suelo de una habitación grande se marca con cinta adhesiva u otro sistema un recorrido en zigzag a modo de laberinto. Cada jugador coge una almohada, elige un sitio en el laberinto y se sienta allí encima de ella. Se trata de que los jugadores vayan deslizándose sobre sus almohadas a lo largo del laberinto. Cuando un jugador se encuentre con otro en mitad del recorrido, ambos deberán levantarse y adelantarse sin que ninguno de los dos salga del trayecto del laberinto.

Precipicio peligroso

Material: cinta adhesiva, una almohada por cada grupo de 3 personas.

Jugadores: mínimo 3 personas. **Edad:** a partir de 3 años.

Los jugadores se dividen en grupos de tres; cada grupo tiene una almohada. Seguidamente, dos de los miembros del grupo se sitúan uno frente al otro a una distancia de tres metros aproximadamente. Con cinta adhesiva se marcan a ambos lados de los jugadores dos líneas paralelas separadas entre sí por una distancia aproximada de un metro.

El tercer miembro del grupo se sitúa en medio de los otros dos. Los niños de cada extremo deben lanzarse la almohada por encima del suelo y el del medio tiene que saltar por encima, pero... ¡atención!, porque si la almohada sale fuera de la línea, el que la ha lanzado deberá cambiar el sitio con el del medio.

El hueso de Bobi

Material: una cuerda (o un pañuelo) por pareja, algunas almohadas (según el número de jugadores).

Jugadores: mínimo 6 personas.   **Edad:** a partir de 3 años.

Los jugadores se agrupan por parejas. El jugador que adopta el papel del perro se ata una correa (cuerda o pañuelo) alrededor de la cintura. Su compañero sacará a pasear a *Bobi* atado de la correa. Normalmente *Bobi* es un perro bueno y tranquilo, pero cuando husmea un hueso se olvida de todo, tira de la correa y sale corriendo.

Antes de empezar, se esconden algunos huesos (almohadas) por la habitación.

A continuación, los perros van paseando tranquilamente guiados por sus amos, se husmean entre sí al encontrarse con otro y hacen pis por todas partes mientras sus dueños se saludan amablemente.

Pero si un perro olfatea o descubre un hueso, tirará de la correa y saldrá corriendo en su busca. Cuando lo encuentre tiene que atraparlo fuerte entre los dientes, ya que enseguida otros perros se abalanzarán sobre él para arrebatárselo. Los dueños de los perros tienen que hacer todo lo posible por separarlos y continuar paseando hasta que el perro vuelva a olfatear otro hueso.

Este sencillo juego de representación resulta especialmente indicado para niños muy pequeños pues lo encuentran muy divertido.

Alfombra voladora

Material: una almohada por jugador.

Jugadores: mínimo 4 personas.   **Edad:** a partir de 3 años.

Para emprender este breve viaje imaginario cada jugador necesita una almohada. Los niños escogen un sitio en la habitación y se sientan encima de la suya.

El director del juego representa el papel de sultán; naturalmente, el personaje resulta más atractivo si el adulto se disfraza con algún elemento sencillo.

El sultán se sienta a su vez encima de una almohada, saluda a los participantes y los invita a emprender un viaje por los aires en alfombra voladora.

Luego, el sultán pronuncia unas palabras mágicas y convierte las almohadas en alfombras voladoras que poco a poco empiezan a elevarse por los aires. Los niños tienen que agarrar fuerte sus almohadas debajo del trasero y surcar el cielo silbando. Según las palabras mágicas que el sultán vaya pronunciando, los jugadores volarán hacia atrás, en zigzag, más alto, más bajo, muy deprisa, muy despacio, o incluso por encima de las mesas y las sillas.

De vez en cuando también pueden hacer un aterrizaje forzoso espectacular.

Todo lo que suceda durante el vuelo depende única y exclusivamente de la voluntad del sultán... ¡a no ser que alguno de los jugadores conozca también algún conjuro mágico!

Boñigas de vaca

Material: mínimo 15 almohadas.

Jugadores: mínimo 8 personas.

Edad: a partir de 3 años.

Se distribuyen las almohadas por el suelo de la habitación algo separadas unas de otras. Para introducir el juego, el director explica una breve historia:

«Imaginaos que nos hemos extraviado y estamos en un prado inmenso cubierto de boñigas de vaca por todas partes. Pronto caerá la noche y tendremos que ir con mucho cuidado para no pisar ninguna boñiga».

Los jugadores deben caminar por la habitación con los ojos cerrados intentando no pisar ninguna boñiga, pero si alguno se equivoca y pone los pies encima de una, deberá gritar en voz alta una expresión de asco.

Variantes:

- Los jugadores se empujan unos a otros e intentan hacerse caer en una boñiga.
- Las almohadas representan diferentes peligros que los niños desconocen al iniciar el juego. Así, por ejemplo, a medida que los niños van caminando y pisan las almohadas, éstas se transforman en:
  - pozos (el jugador cae dentro del pozo con un grito aterrador);
  - serpientes inmensas (el jugador da un chillido agudo);
  - piedras calientes y puntiagudas (el jugador levanta los pies bien alto con espanto);
  - ortigas (el jugador se rasca por todas partes);
  - colmenas (el jugador es perseguido por un enjambre de abejas).

Previamente el director del juego tiene que indicar diversas posibilidades de reacción ante cada peligro.

Baile de almohadas

Material: almohadas para la mitad del grupo, piezas musicales variadas.

Jugadores: mínimo 8 personas.   **Edad:** a partir de 3 años.

Para este baile de almohadas, los niños deben formar líneas que pueden ser de diferente longitud. También pueden empezar con una única línea muy larga y luego dividirse en líneas más cortas.

Así pues, los bailarines se alinean unos al lado de otros. Cada niño sostiene una almohada por un extremo con el brazo estirado igual que su vecino, de modo que entre niño y niño haya siempre una almohada a modo de unión.

Al sonar la música, la línea deberá ponerse en movimiento lentamente. Para este primer paso resulta especialmente adecuada una pieza musical en la que el ritmo se incremente poco a poco.

Cualquiera de los bailarines puede partir la línea en cualquier momento si suelta la almohada y sigue bailando en otra dirección junto a los que han quedado al otro lado.

Del mismo modo, cualquier línea puede adherirse a otra en un momento dado.

Saco de boxeo

Material: muchas almohadas, mantas o pañuelos grandes, cuerdas.

Jugadores: mínimo 1 persona.   **Edad:** a partir de 3 años.

Para confeccionar un saco de boxeo se envuelven varias almohadas en una manta de lana o también en un pañuelo grande, se cogen los cuatro extremos juntos por la parte superior, se atan fuerte con una cuerda y... ¡ya tenéis el saco listo para usar!

Estos sacos se fijan fácilmente al techo de la habitación con un gancho para que queden suspendidos balanceándose y sirven para que tanto niños como jóvenes y adultos liberen su ira de una forma física.

Además, el saco de boxeo no sólo es un objeto útil e importante en el caso de los niños, sino que debería convertirse en un elemento habitual en instituciones educativas y también en el hogar.

Torre de obstáculos

Material: 10 cajas de cartón, cinta adhesiva o tiza, muchas almohadas.

Jugadores: mínimo 10 personas.   **Edad:** a partir de 6 años.

En el centro de una habitación grande se marca una superficie cuadrada cuyos lados tengan una longitud aproximada de cuatro metros. Dentro del cuadrado se colocan diez cajas de cartón, que se pueden conseguir en cualquier tienda de alimentación. Alrededor de ese primer cuadrado se delimita una zona exterior marcando un segundo cuadrado (con cinta adhesiva o tiza) cuyos lados deben estar a una distancia mínima de tres metros del primero (véase ilustración).

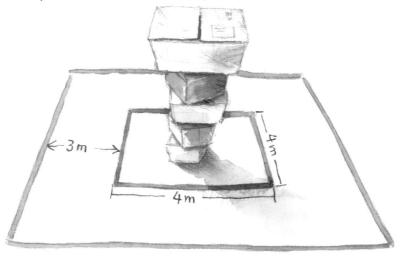

Los jugadores se dividen en dos grupos. Uno de ellos se sitúa dentro del cuadrado y su misión será intentar construir una torre con las cajas mientras los miembros del otro grupo hacen todo lo posible por impedírselo utilizando las almohadas que se encuentran dispersas en la zona exterior situada en torno al cuadrado interior.

Previamente los constructores deberán acordar quiénes se dedican a construir la torre y quiénes desvían el ataque de las almohadas, aunque quizá no sea necesario y las tareas se repartan espontáneamente.

Los lanzadores de almohadas no podrán penetrar en la zona exterior al lanzar y sólo se podrán recuperar las almohadas caídas sin traspasar la línea de tiro.

La proporción entre constructores y lanzadores deberá modificarse si se observa que estos últimos son demasiado fuertes.

¡Preservemos la naturaleza!

Material: una colchoneta o colchón por jugador, muchas almohadas.

Jugadores: mínimo 8 jugadores.   **Edad:** a partir de 6 años.

El director del juego explica una breve historia a modo de introducción:

«Como ya sabéis, hay personas que contaminan la naturaleza y que cuando salen de excursión dejan la basura que producen en cualquier parte, por ejemplo en medio de un prado precioso, cuando nadie se da cuenta.

»Afortunadamente también hay personas que intentan preservar el medio ambiente y que, sospechando lo que hacen los primeros, ocupan el prado para evitar que lo ensucien. Eso es lo que vamos a representar nosotros ahora».

Los jugadores se dividen en dos grupos. Unos serán los que ensucian el prado y los otros los que quieren evitarlo.

Estos últimos se sientan cada uno en una de las colchonetas o colchones que hacen las veces de prado y que previamente se han distribuido por la habitación. Entre cada colchoneta debe dejarse una cierta distancia. El director del juego sitúa a los contaminadores en puntos determinados de la habitación teniendo en cuenta que no pueden estar demasiado cerca de una colchoneta. Asimismo, les entrega algunas almohadas que representan la basura y... ¡a jugar!

Los contaminadores intentan tirar su basura en los prados pero sólo pueden lanzarla desde su sitio y sin moverse.

Los protectores de la naturaleza pueden desviar la basura con los pies. También pueden pasarse la basura entre ellos o recoger la basura que les han lanzado y que ha caído en su radio de acción.

La basura (almohadas) que haya caído en un prado no puede recogerse ni volverse a lanzar.

¿Conseguirán los preservadores de la naturaleza evitar que ensucien los prados?

Al cabo de un espacio de tiempo, los grupos se intercambian los papeles.

Hansel y Gretel

Material: mínimo 12 almohadas.

Jugadores: mínimo 15 personas. **Edad:** a partir de 3 años.

La bruja vivía en una preciosa casita cubierta de dulces en medio del bosque. Hansel y Gretel vieron la casa y, como estaban hambrientos, se dirigieron a ella para probar los bombones y caramelos, pero ¡ay! ¡la bruja los descubrió!

Doce jugadores se colocan como si fueran una casa alineándose de tres en tres para formar las paredes. En una de las paredes deberá dejarse un hueco, que será la puerta de entrada. En la casa vive la bruja; un jugador se introduce en la casa, es decir, en el interior del cuadrado, se sienta y cierra los ojos.

El director del juego reparte los caramelos (almohadas) entorno a la casa colocando uno delante de cada jugador.

Los dos jugadores restantes son Hansel y Gretel. Los dos hermanos se acercan sigilosamente a la casa por el exterior e intentan robar los caramelos, pero deben tener mucho cuidado ya que si la bruja oye algo y se despierta deberá intentar atraparles.

A continuación se intercambian los papeles.

Las orugas van de paseo

Material: una almohada por jugador y otra adicional.

Jugadores: mínimo 10 personas.   **Edad:** a partir de 3 años.

Salir de paseo no es cosa fácil para las orugas, porque avanzan muy lentamente, pero... ¡una oruga también quiere ver mundo de vez en cuando!

Los jugadores se dividen en grupos de cinco y forman filas simulando que son orugas. Cada jugador se sube encima de una almohada; detrás del último de la fila se coloca una adicional.

La oruga ya está lista para ponerse en marcha. Para ello, el último jugador levanta la almohada que tiene a su espalda y la pasa rápidamente hacia delante. Cuando llega al primer jugador de la fila, éste la deja en el suelo delante de él y toda la oruga avanza una almohada, quedando de nuevo detrás una libre, que deberá pasarse de nuevo, y así sucesivamente.

Poco a poco las orugas se van arrastrando así por todo el mundo y en todas direcciones.

Este juego resulta especialmente divertido si la superficie sobre la que se mueven las orugas es muy reducida.

Trasero con trasero

Material: muchas almohadas.

Jugadores: mínimo 8 personas.   **Edad:** a partir de 3 años.

En primer lugar, se distribuyen las almohadas por el suelo de la habitación. Luego los jugadores deben ir bailando de espaldas por toda la habitación al ritmo de una música rápida.

En un momento determinado, el director del juego interrumpe la música y dice un número en voz alta. Los jugadores, sin dejar de andar hacia atrás, deben buscar rápidamente una almohada donde sentarse, teniendo en cuenta que encima de una sólo pueden sentarse «trasero con trasero» tantos jugadores como la cifra indicada.

Al sonar la música de nuevo, los jugadores siguen bailando de espaldas por separado.

Objeto volador no identificado

Material: pinturas fluorescentes, una almohada por jugador, música (en caso necesario).

Jugadores: mínimo 6 personas.   **Edad:** a partir de 3 años.

Los jugadores se maquillan la cara con pinturas fluorescentes. Estas pinturas tienen la característica de que son visibles en la oscuridad; no son baratas, pero causan un efecto fantástico en cualquier fiesta o baile.

Una vez que los jugadores están maquillados se deja la habitación a oscuras para que las caras sean bien visibles. Cada jugador tiene una almohada. Al ritmo de una música rápida, las «caras fluorescentes» se van moviendo por toda la habitación.

Sin embargo, objetos voladores no identificados, es decir, almohadas, surcan continuamente los aires... ¡pero a oscuras no se ven! Se trata pues de prestar atención ya que ninguna almohada puede caer al suelo.

¡Qué bien que al menos se distinguen las caras!

Hacer la mochila

Material: almohadas de diferentes colores (por ejemplo: 3 rojas, 3 amarillas, 3 azules...), música rápida.

Jugadores: mínimo 6 personas.   **Edad:** a partir de 3 años.

Cada jugador coge una almohada de un color. No olvidéis que siempre debe haber varias del mismo color.

Al ritmo de una música de baile los jugadores van moviéndose por toda la habitación y se van intercambiando las almohadas con asiduidad.

Al cesar la música, el director del juego nombra un color en voz alta, por ejemplo, el rojo.

En ese momento, todos los que tengan una almohada de un color diferente al rojo deben amontonarlas rápidamente en los brazos extendidos de aquellos que tengan la almohada de color rojo.

Cuando la música vuelve a sonar, cada jugador sigue bailando provisto de una almohada.

Carrera de caracoles

Material: una almohada por jugador.

Jugadores: mínimo 4 personas.

Edad: a partir de 3 años.

Este juego debe llevarse a cabo sobre una superficie lisa y ¡sin alfombra! Los caracoles han organizado una carrera. Todos se sitúan tras la línea de salida tumbados boca abajo.

El director del juego hace entrega de una cubierta a cada caracol, es decir, les coloca una almohada sobre la espalda. Por supuesto, los caracoles no pueden perder la cubierta, porque el que la pierda a media carrera tendrá que volver a empezar desde la línea de salida.

Para arrastrarse hacia delante por el césped los caracoles apoyan las dos manos en el suelo y avanzan con las piernas levantando el trasero y volviéndolo a bajar. Antes de empezar, el director del juego debe enseñar a los caracoles cómo realizar los movimientos.

A la señal del director del juego puede empezar la carrera.

Mudanza

Material: cartulinas de cuatro colores diferentes, muchas almohadas, maquillaje, música de baile.

Jugadores: mínimo 10 personas. **Edad:** a partir de 3 años.

Se marcan las esquinas de la habitación pegando con cinta adhesiva una cartulina de cada color en un lugar visible de cada pared. Con este procedimiento obtenemos cuatro esquinas de diferente color. Luego, el director del juego coloca en cada esquina un montón de almohadas.

A continuación los jugadores se dividen en cuatro grupos más o menos iguales. Los miembros de cada grupo se maquillan la nariz del color de la esquina que les corresponda.

Al ritmo de una música alegre los jugadores bailan por toda la habitación. Cuando cesa la música, el director del juego proclama en voz alta el inicio de la mudanza indicando los cambios a realizar, por ejemplo:

«¡El rojo se muda al amarillo.

El amarillo se muda al rojo.

El verde se muda al azul

y el azul se muda al verde!»

Así, por ejemplo, los miembros del grupo rojo tienen que coger rápidamente los muebles (almohadas) de su casa, es decir, de la esquina roja, y trasladarlos a la esquina amarilla.

Cuando todos los muebles de cada grupo han sido trasladados y están bien colocados, la música vuelve a sonar... ¡hasta la próxima mudanza!

El director del juego va incrementando el ritmo lentamente, es decir, mientras los grupos estén todavía realizando la mudanza puede producirse un cambio de planes, por ejemplo:

«¡Ay! ¡El azul ha cambiado de idea y prefiere mudarse al amarillo, y el amarillo se muda al rojo!».

La mudanza se convertirá enseguida en un caos terrible pero muy divertido.

Cangrejos hambrientos

Material: muchas almohadas.

Jugadores: mínimo 2 personas. **Edad:** a partir de 3 años.

En cada ronda de este juego dos cangrejos hambrientos se pelean por un trozo de comida apetitosa.

En el centro de la habitación se coloca un montón de almohadas como si fueran la deliciosa golosina. Los cangrejos empiezan desde esquinas opuestas. Sólo pueden avanzar como los cangrejos, es decir, a gatas y hacia atrás, pero... ¡cuidado! ¡con la barriga mirando al techo!

Los dos cangrejos deben arrastrarse de este modo hasta el montón de almohadas y trasladar tantas como puedan a sus respectivas esquinas, cogiendo una o varias del montón, colocándoselas encima de la barriga y llevándolas de vuelta a su casa.

Serán los propios cangrejos quienes decidan cuántas almohadas transportan en cada viaje, pero si una sola cae al suelo durante el regreso, deberán transportarlas otra vez todas al centro y volver a cargarlas.

Cuando esos dos cangrejos se hayan «zampado» toda la comida, se colocará otro montón de almohadas en el centro de la habitación y los dos cangrejos siguientes podrán iniciar su ronda.

El arco iris

Material: almohadas de diferentes colores para la mitad del grupo (una por persona).

Jugadores: mínimo 6 personas. **Edad:** a partir de 3 años.

Se entregan almohadas de diferentes colores a la mitad del grupo. A continuación, todos los jugadores se sientan en corro en el suelo y empiezan a pasárselas unos a otros.

En un momento dado el director del juego pronuncia un color en voz alta, por ejemplo, el rojo.

Los jugadores que tienen una almohada roja han de prestar entonces atención, porque todos los demás pueden arrojarles sus almohadas.

A la señal del director del juego (por ejemplo, un silbato) esta breve guerra de almohadas debe terminar. La mitad del grupo vuelve a coger una y empieza la segunda ronda.

Pero ¡cuidado! Si el director del juego dice «¡arco iris!», los jugadores se arrojarán las almohadas unos a otros.

Encima de la bandeja

Material: una almohada por jugador, varias pelotas.

Jugadores: mínimo 8 personas. **Edad:** a partir de 3 años.

Los jugadores se tienden boca arriba unos junto a otros formando un círculo bastante cerrado y con los pies dirigidos al interior del círculo. Luego levantan las piernas bien estiradas en ángulo recto con el resto del cuerpo. El director del juego coloca una almohada sobre los pies (sin zapatos ni calcetines) de cada jugador y todos cierran los ojos.

Uno de los niños se ha quedado fuera del círculo con varias pelotas. Éste irá rodeando sigilosamente el círculo e intentará colocar las pelotas en las bandejas (almohadas) de algunos jugadores sin que se den cuenta.

Si algún jugador percibe que hay algo encima de su almohada, deberá levantarse de un salto e intentar alcanzar al otro con la pelota. Si lo consigue, ambos niños se intercambiarán los papeles. En caso contrario, deberá volver a colocarse en el círculo y el otro jugador seguirá intentando colocar las pelotas en las bandejas discretamente.

Llenar el hueco

Material: una almohada por jugador, tambor o pandereta, una pelota.

Jugadores: mínimo 8 personas.　　　　　　　**Edad:** a partir de 3 años.

Se colocan las almohadas en círculo sobre el suelo, dejando un hueco en un punto determinado. Luego se coloca una pelota a una cierta distancia (mínimo cinco metros) del punto del círculo donde se encuentre el hueco. A continuación, cada jugador se sube encima de una almohada.

El director del juego indica el comienzo del juego marcando el ritmo de movimiento con un tambor o una pandereta. A cada golpe de tambor los jugadores se mueven una almohada a su derecha. Al llegar al hueco, el niño que esté en ese lugar deberá ocuparlo cuando suene el tambor, es decir, será el encargado de llenar el hueco en ese momento.

Pero... ¡atención! Si se escucha un redoble de tambor, los demás jugadores deberán atrapar al niño que llene el hueco en ese instante abalanzándose sobre él. Sin embargo, el encargado de llenar el hueco deberá reaccionar intentando alcanzar la pelota mientras los otros le persiguen. Cuando el sonido del tambor recupera su ritmo normal, los jugadores regresan a sus posiciones sobre la almohada y empieza la ronda siguiente.

El director del juego debe ir incrementando el ritmo acelerando los golpes de tambor.

En alguna ronda también puede marcar el ritmo uno de los jugadores.

Conduciendo

Material: una almohada para cada jugador.

Jugadores: mínimo 6 personas.　　　　　　　**Edad:** a partir de 3 años.

En este juego los niños son coches que circulan por las calles. Para ello cada jugador sostiene su almohada con los brazos estirados.

Los coches empiezan a circular por la habitación en todas direcciones. Unos circulan lentamente, otros pasan volando como locos, un conductor puede circular continuamente en zigzag y una señora sólo circula marcha atrás.

De vez en cuando se produce un accidente y dos coches chocan frontalmente. ¡Qué suerte que todos vamos bien protegidos con las blandas almohadas!

Combate de caballeros

Material: una almohada por pareja, una caja de cartón grande.

Jugadores: mínimo 6 personas.　　　　　**Edad:** a partir de 3 años.

En el centro de la habitación se coloca una caja de cartón grande.

Un niño representará el papel del caballo y otro será el caballero durante el combate. Caballero y caballo se sitúan en un lado de la habitación y el primero se montará encima del segundo, es decir, un niño llevará al otro sobre la espalda.

El director del juego entrega una almohada a cada caballero.

A la señal de salida dará comienzo el combate. Cada caballero debe lanzar la almohada al interior de la caja de cartón, pero al mismo tiempo debe intentar impedírselo a los demás caballeros o derribarlos del caballo con la ayuda de la almohada.

Cuando un caballero consiga introducir su almohada en la caja, caballero y caballo se intercambiarán los papeles y comenzará la ronda siguiente.

La almohada escogida

Material: de 6 a 10 almohadas aproximadamente.

Jugadores: mínimo 4 personas.　　　　　**Edad:** a partir de 3 años.

Se distribuyen las almohadas separadamente por el suelo de la habitación.

A continuación, un jugador sale de la sala. En el interior, el grupo elige una almohada, que será nombrada la almohada escogida. Después, el jugador que estaba fuera vuelve a entrar en la habitación y debe intentar adivinar cuál es la almohada escogida y sentarse encima. El grupo le ayudará proporcionándole pistas mediante gestos sutiles.

Los jugadores empiezan a caminar por toda la habitación. El otro camina junto a ellos y los observa atentamente. Naturalmente, los gestos no deben ser demasiado evidentes.

Antes de iniciar el juego, el director debe realizar algunos gestos a modo de ejemplo e indicar diferentes posibilidades.

Si el niño consigue adivinar cuál es la almohada escogida, el grupo le aplaudirá. Si aquella en la que se sienta no es la escogida, el juego continúa.

Luego prueban suerte otros jugadores.

Proa y popa

Material: cinta adhesiva, muchas almohadas.

Jugadores: mínimo 5 personas.   **Edad:** a partir de 3 años.

Con cinta adhesiva o tiza se pega o se dibuja un barco en el suelo de la habitación cuyo casco sea suficientemente grande para dar cabida a todos los jugadores. No es necesario que la silueta del barco esté perfectamente dibujada.

En un extremo del barco colocamos la carga (un montón de almohadas); los jugadores se sientan en el otro extremo y el juego puede empezar.

El director del juego explica la emocionante historia de una travesía en barco:
Algunos posibles elementos de la historia son:

- Los jugadores sacan sus remos y empiezan a remar.
- Hace un tiempo espléndido y todos deciden tomar el sol un rato.
- Se levanta viento; todos soplan.
- Oscuros nubarrones cubren el cielo y enseguida cae una tormenta. Los jugadores representan con mímica la acción de ponerse el impermeable y las botas de lluvia.
- Las olas son cada vez más altas. Empieza a llover.
- El barco se balancea arriba y abajo. La carga resbala de proa a popa. Hay que trasladar rápidamente la carga al otro lado.
- La tormenta es cada vez más fuerte y la carga resbala continuamente de un lado a otro. El director del juego incrementa el ritmo.
- Unos bultos caen por la borda (el director del juego los tira fuera del barco). Algunos jugadores se lanzan al agua y los vuelven a cargar en el barco.
- La tormenta ha abierto un agujero en el casco del barco y hay que achicar el agua. Algunos jugadores intentan tapar el hueco.

Seguro que a los niños se les ocurrirán nuevas ideas para incorporar al juego. Otra posibilidad es que el director del juego reparta al inicio diferentes papeles, por ejemplo, los de: piloto, cocinero, primer oficial, segundo oficial, capitán, polizón...
Los personajes resultarán aún más atractivos si los niños se disfrazan.

¡QUÉ SUAVE ES MI ALMOHADA!

Juegos tranquilos con almohadas

¿De quién es?

Material: almohadas de colores y formas diferentes para cada jugador.

Jugadores: mínimo 6 personas.   **Edad:** a partir de 3 años.

Cada jugador tiene una almohada. Para este juego las almohadas tienen que ser de colores, tamaños y formas diferentes.

Los niños se sientan en corro cada uno con su almohada. Luego se van presentando uno por uno. Por ejemplo, Juan se pone de pie, levanta su almohada bien alto y dice: «Buenos días, soy Juan, el de la almohada roja».

Luego lo hará el siguiente, y así sucesivamente. Cuando todos los jugadores hayan terminado de presentarse ante el grupo, deberán reunir las almohadas en el centro del corro formando un montón.

Uno de los niños deberá entonces clasificar las almohadas diciendo en voz alta el nombre del compañero correspondiente.

¿Quién está debajo de las almohadas?

Material: una almohada por jugador, música de baile.

Jugadores: mínimo 5 personas.   **Edad:** a partir de 3 años.

En primer lugar, un jugador debe salir de la habitación. A continuación los demás esconden a uno de ellos debajo de un montón de almohadas procurando que no se vea nada.

El niño que estaba fuera vuelve a entrar en la habitación e intenta adivinar quién está debajo del montón de almohadas, teniendo en cuenta que sólo puede ir quitándolas una a una y que es mejor si empieza por los pies.

Cada vez que quite una almohada, podrá intentar adivinar quién está debajo. Si se equivoca, tendrá que quitar la siguiente.

Los niños pequeños son quienes más se divierten con este juego.

En busca del tesoro

Material: mínimo 20 almohadas, un tesoro (por ejemplo, una caja pequeña con dulces, dos piedras bonitas, dos caracolas o algo similar).

Jugadores: mínimo 2 personas.   **Edad:** a partir de 3 años.

Dos piratas salen en busca de un tesoro. Con un pañuelo en la cabeza, un cinturón, un catalejo y algún otro complemento para disfrazarse, convertiremos enseguida en piratas a dos personas del grupo. Éstos deberán abandonar la habitación un momento. Mientras están fuera, el resto del grupo o un adulto esconde un pequeño tesoro debajo de un montón de almohadas.

La búsqueda del tesoro puede empezar. Los piratas irán quitando las almohadas una a una por turnos alternos. El primero que descubra el tesoro habrá ganado el privilegio de abrirlo.

Pero... ¡un pirata noble de verdad suele compartir el tesoro con sus compañeros!

La princesa del guisante

Material: muchas almohadas con cremallera o botones, una bola de madera, canicas grandes o carraca.

Jugadores: mínimo 2 personas.   **Edad:** a partir de 3 años.

Para este juego necesitamos muchas almohadas, que amontonaremos en el centro de la habitación. Luego, el director del juego esconde una bola de madera o canicas grandes en una de las almohadas.

Se trata de que los jugadores encuentren la bola.

Variante:

En lugar de una bola de madera o las canicas, también se puede esconder una pequeña carraca en una de las almohadas. En ese caso, los jugadores sacudirán cada una a fin de encontrar la correcta. Esta variante resulta especialmente adecuada para niños pequeños.

Hacerse arrumacos

Material: una almohada para cada jugador, música de baile.

Jugadores: mínimo 4 personas.   **Edad:** a partir de 3 años.

Al ritmo de una música alegre los jugadores bailan por toda la habitación sosteniendo la almohada debajo del trasero. Cuando la música cesa, el director del juego dice un número en voz alta, por ejemplo, el seis. Entonces, seis niños tienen que juntarse andando hacia atrás y hacerse arrumacos unos a otros con las almohadas.

Cuando la música vuelve a sonar, cada jugador sigue bailando por separado con su almohada.

Figuras táctiles

Material: mínimo 20 almohadas o más.

Jugadores: máximo 20 personas.   **Edad:** a partir de 3 años.

En primer lugar, uno de los jugadores sale de la habitación. Una vez fuera, se le vendan los ojos. Mientras tanto, el resto del grupo confecciona una figura en el suelo con las almohadas, por ejemplo, un cuadrado, un triángulo, un círculo, un signo de interrogación, un árbol, una casa, un corazón, etc.

A continuación se acompaña al niño con los ojos vendados al interior y se le guía hasta el punto donde empieza la figura. El niño debe adivinar qué figura es con los ojos cerrados, bien palpando las almohadas o andando por encima descalzo.

Indicación: si se juega con niños muy pequeños, un acompañante deberá ayudar al niño con los ojos vendados y guiarle mientras intenta adivinar la figura.

Almohadas táctiles

Material: mínimo 10 almohadas de diferentes materiales (una de ellas tiene que ser de un material distintivo fácilmente reconocible, por ejemplo, una almohada de terciopelo, con bordados, o similar), un pañuelo o bufanda por jugador.

Jugadores: máximo 10 personas. **Edad:** a partir de 3 años.

En primer lugar, se colocan las almohadas en el suelo. Luego los jugadores se quitan los zapatos y los calcetines y andan descalzos sobre ellas. El director del juego les indica que se fijen con atención en la sensación que tienen al andar sobre la almohada que han escogido como distintivo.

A continuación, se vendan los ojos a todos los participantes. El director del juego cambia las almohadas de posición y... el juego puede empezar.

Los niños caminan con cuidado por toda la habitación intentando encontrar la almohada en cuestión, pero sólo podrán hacerlo con los pies.

Cuando uno de ellos crea haber encontrado la almohada, se quitará la venda para comprobarlo. Si se trata de la almohada correcta, se apartará a un lado en silencio para no estorbar a los demás mientras siguen buscando.

Si no es la almohada correcta, el director del juego vendará los ojos del niño nuevamente y éste tendrá que continuar con la búsqueda.

Es conveniente que antes de empezar el director del juego insista en la importancia de que los niños guarden silencio durante el juego, sobre todo cuando encuentren la almohada.

¡La torre se derrumba!

Material: muchas almohadas.

Jugadores: mínimo 2 personas. **Edad:** a partir de 3 años.

¿Habéis intentado alguna vez construir una torre con almohadas? Pues es muy difícil conseguir que no se derrumbe.

Los niños pueden intentar construir juntos una torre con almohadas lo más alta posible, o también intentarlo por separado, es decir, formando cada uno una torre.

Laberinto de almohadas

Material: el mayor número de almohadas posible.

Jugadores: máximo 15 personas.　　　　　**Edad:** a partir de 3 años.

En primer lugar, se colocan las almohadas sobre el suelo dejando espacio suficiente para caminar entre ellas con comodidad.

Luego los jugadores se agrupan por parejas. Si se juega con niños de mediana edad, uno de los dos miembros de la pareja deberá vendarse los ojos; si los niños son muy pequeños bastará con que cierre los ojos.

A continuación las parejas se sitúan junto a la pared. Los jugadores que no lleven los ojos vendados deben caminar delante de su compañero y guiarle por toda la habitación sorteando las almohadas. El niño que no ve no puede pisar ninguna almohada, pero el que le guía sólo podrá indicarle el trayecto mediante sonidos, por ejemplo, emitiendo un zumbido o un silbido o incluso chasqueando la lengua.

Cuanto más diferentes sean las señales de los guías, más fácil les resultará a sus compañeros entenderlos.

Cuando una pareja consiga recorrer el trayecto completo se intercambiarán los papeles.

La sillita de la reina

Material: dos bastones de baile o de gimnasia por pareja, varias almohadas, obstáculos diversos (bancos de gimnasia, sillas, una cuerda tensada...).

Jugadores: mínimo 2 personas.　　　　　**Edad:** a partir de 3 años.

Los jugadores se agrupan por parejas. Cada pareja coge dos bastones de baile por los extremos (un bastón en cada mano) como si llevaran una «sillita de la reina» entre los dos. Encima de los bastones se apilan varias almohadas.

Se trata de que los jugadores recorran con su sillita un corto trayecto de obstáculos sin que se caiga ninguna almohada.

A modo de obstáculos se pueden colocar mesas, bancos o sillas por la habitación, o tensar una cuerda de un extremo a otro, o bien utilizar algún otro sistema; lo conveniente es que el modo de sortear los obstáculos sea diferente, por ejemplo, colocando unos que obliguen a saltar por encima y otros que obliguen a pasar por debajo.

¡Parece imposible, pero es cierto!

Material: mínimo una almohada por jugador.

Jugadores: mínimo 1 persona.   **Edad:** a partir de 3 años.

Con almohadas se pueden confeccionar muñecos divertidos de un modo sencillo y rápido. Esta actividad pueden realizarla incluso los más pequeños con la ayuda de un adulto.

Aquí tenéis algunas ideas de todo lo que se puede hacer con almohadas.

Con un poco de cordel o cinta adhesiva se pueden poner orejas, nariz y ojos a toda clase de almohadas. En la ilustración podéis ver cómo queda.

Asimismo, si pegamos en las almohadas narices de diferentes formas y materiales, podemos convertirlas, en un abrir y cerrar de ojos, en animales, payasos, abuelos, brujas y muchas cosas más. Para confeccionar la nariz podemos usar los siguientes materiales:

- cartulina o papel rizado de colores,
- hueveras de cartón,
- recipientes de yogur vacíos,
- cilindros de papel higiénico o de papel absorbente de cocina,
- tapas de detergente,
- la base de un recipiente de leche,
- pelotas de plástico cortadas por la mitad,

o cualquier otro elemento habitual en el hogar; sólo tenéis que hacer unos agujeros en ambos extremos y atar una goma gruesa o una cinta elástica en cada uno de ellos.

Naturalmente podéis añadir otros elementos que contribuyan a completar el muñeco, como sombreros, pañuelos, cinturones, botones para los ojos, restos de lana para los cabellos, etc. Todo vale en vuestro taller de muñecos.

¡El teatro de guiñol ya está en marcha!

Indicación:

Estos muñecos confeccionados con almohadas resultan muy sencillos de manejar, ya que pueden agarrarse fácilmente por detrás con las manos. Además, con un poco de imaginación se pueden ir variando y perfeccionando continuamente.

El profesor despistado

Material: una almohada por jugador, un sombrero, música de baile, cinta adhesiva.

Jugadores: mínimo 5 personas.   **Edad:** a partir de 6 años.

En primer lugar, el jugador que va a ser el profesor despistado y que luego tendrá que resolver el acertijo de letras se pone el sombrero y sale de la habitación.

El grupo escoge entonces una palabra que no sea demasiado larga. Sólo pueden participar tantos niños como letras tenga la palabra.

Los jugadores se reparten las diferentes letras; cada uno pega con cinta adhesiva la letra que le corresponde en un lado de la almohada, procurando que se vea bien.

A continuación, el profesor despistado vuelve a entrar en la habitación y el juego ya puede empezar.

Los jugadores bailan por toda la habitación al ritmo alegre de una música de baile, cada uno sosteniendo su almohada a la altura de la barriga para que se vea bien la letra.

El profesor despistado baila también con los demás y mientras tanto se fija con atención en los jugadores y en la letra que sostienen.

En un momento dado el director del juego interrumpe la música. Los jugadores se detienen allí donde estén y gritan juntos en voz alta la palabra escogida al tiempo que cada uno da la vuelta a su almohada.

¿Dónde estaba la «A»? ¿La tenía Ana en su almohada o era Cristóbal el que la enseñaba?

El profesor despistado tendrá que hacer un gran esfuerzo para resolver el acertijo y alinear a los jugadores en el orden correcto.

Cuando el profesor haya terminado de situar a los jugadores, éstos revelarán el acertijo, es decir, darán la vuelta a las almohadas nuevamente.

A continuación otro niño puede representar el papel de profesor despistado y resolver otro acertijo.

En caso de que el grupo sea muy numeroso, los niños que bailan se pueden ir cambiando en cada ronda. También es muy divertido mirar e intentar adivinar la palabra desde un rincón.

Variante para niños pequeños:
Las reglas del juego son las mismas. Sin embargo, cuando la música cesa los jugadores no dan la vuelta a las almohadas, sino que en este caso el profesor despistado debe recomponer la palabra pronunciada en voz alta lo más rápido posible.

Variante para niños mayores y adultos:
En esta variante el grupo no dice en voz alta la palabra sino que el profesor despistado deberá adivinarla sin ayuda. Así, los jugadores no esconden las letras girando las almohadas, pero aunque el profesor sea muy inteligente, seguro que le resultará difícil reconstruir una palabra con las letras que ve.

¡Pobre burrito!

Material: de 5 a 10 almohadas.

Jugadores: mínimo 1 persona.   **Edad:** a partir de 3 años.

Constituye un juego muy sencillo, especialmente indicado para niños muy pequeños o grupos de padres e hijos.

El niño que representa el papel del pobre burrito se pone a gatas en el centro del corro. Los demás amontonan almohadas encima de él; al fin y al cabo un burro es un animal de carga.

Se trata de comprobar cuántas almohadas puede transportar el burrito o si, por el contrario, se vuelve muy testarudo y los demás tienen que ejercer todas sus mañas para que ande.

Cuando el burro está cargado, los niños le guían por turnos alternos dando una vuelta por la habitación.

También se puede jugar por parejas; en este caso, uno de los niños es el burro, y el otro, el arriero que carga y guía al primero.

Asimismo, se puede pasar la carga de un burro a otro, pero en un momento dado ninguno de los burros querrá caminar más. ¿Qué harán entonces los arrieros?

Para amenizar el juego se puede cantar alguna canción indicada, como la siguiente:

Arre borriquito,
arre burro arre,
arre borriquito,
que llegamos tarde.
Arre borriquito,
vamos a Belén,
que mañana es fiesta
y al otro también.

Aquí hay algo que pincha y rasca

Material: mínimo 6 fundas de almohada con cremallera, diferentes materiales de relleno (según la descripción del juego), un pañuelo o bufanda.

Jugadores: mínimo 4 personas.   **Edad:** a partir de 3 años.

Con fundas de almohadas también podéis llevar a cabo juegos muy divertidos si las rellenáis de materiales totalmente diferentes, por ejemplo: castañas, piedras, pelotas de tenis, cucharas, globos, hojas de árboles, peluches, cilindros de papel higiénico o cualquier otra cosa que se os ocurra.

Así pues, cada funda de almohada tiene un relleno diferente. Luego cerráis las fundas y las colocáis unas junto a otras en el suelo dibujando un cuadrado.

El jugador que espera fuera de la habitación puede volver a entrar con los ojos vendados. Se trata de que localice un material determinado, por ejemplo, las castañas, pasando a gatas por encima de la alfombra de almohadas.

Acto seguido se cambian las fundas de posición y otro jugador puede probar suerte

El pescador de perlas

Material: mínimo 10 almohadas, un pañuelo o bufanda, una sábana grande

Jugadores: mínimo 8 personas.   **Edad:** a partir de 3 años.

En primer lugar, el jugador que adopta el papel del pescador de perlas sale de la habitación.

Una sábana grande sobre el suelo representa el mar. El grupo coloca un número determinado de perlas (almohadas) sobre la superficie marina.

A contiuación, antes de que vuelva a entrar en la habitación, el director del juego venda los ojos del niño que espera fuera y lo acompaña hasta el interior: la búsqueda de perlas puede empezar.

El niño se desliza debajo de la sábana e intenta adivinar cuántas perlas hay en el mar.

Luego lo intenta otro niño, y así sucesivamente.

Aguacero

Material: una funda de edredón grande, muchos globos, colchones.

Jugadores: mínimo 4 personas.   **Edad:** a partir de 3 años.

Rellenamos una funda grande de edredón con los globos hinchados y la cerramos. Después, los jugadores se tienden uno tras otro sobre la «nube» de grandes dimensiones y se dejan acariciar por su suavidad.

A continuación dejamos que la nube se eleve por los aires, es decir, todos juntos levantamos la gran almohada rellena de globos y la paseamos por toda la habitación, lanzándola de vez en cuando a lo alto y recogiéndola de nuevo.

Luego los jugadores se dividen en dos grupos y se van pasando la nube unos a otros. Finalmente la nube vuelve a posarse sobre el suelo cubierto de colchones.

Entonces todos los niños se abalanzan sobre la nube dejándose caer con fuerza para provocar un aguacero cuando los globos exploten.

Ésta es mi almohada

Material: una almohada para cada jugador (de tamaños, formas, materiales y cierres diferentes).

Jugadores: mínimo 8 personas.   **Edad:** a partir de 3 años.

Los niños se sientan en corro cada uno con su almohada. En primer lugar, cada niño palpa la almohada con los ojos cerrados y luego, sin abrir los ojos, la colocará a su espalda. El director del juego recoge todas las almohadas y las va entregando a diferentes jugadores. Al recibir la almohada en las manos, cada jugador tiene que palparla y determinar si se trata de la suya. Si no lo es, cada uno irá pasándosela al compañero de la derecha, y así sucesivamente, alrededor del corro. Cuando un jugador crea que la que tiene en las manos es la suya, se la colocará en el regazo y seguirá jugando. Los jugadores no podrán abrir los ojos hasta que todos crean haber recuperado su almohada.

Variante:

También se pueden rociar las almohadas con unas cuantas gotas de esencias aromáticas. En este caso los jugadores deberán escoger un aroma que luego puedan reconocer.

Buscar sitio

Material: algunas almohadas (menos que jugadores); ocasionalmente, música de relajación.

Jugadores: mínimo 6 personas. **Edad:** a partir de 3 años.

Se deja la habitación completamente a oscuras y, si no es posible, se vendará los ojos a los jugadores.

El director del juego coloca algunas almohadas en el suelo de la habitación teniendo en cuenta que su número debe ser inferior al de jugadores. Luego se guía a los jugadores hasta la habitación.

Este juego puede amenizarse con una música de relajación.

Cada jugador debe intentar encontrar una almohada a oscuras y sentarse encima, pero como no hay suficientes para todos, se pueden sentar unos encima de otros en una misma almohada.

Al cabo de un determinado espacio de tiempo, se vuelve a iluminar la habitación y todos observan dónde se han sentado.

Variante:

Otra posibilidad es colocar una almohada para cada jugador. En ese caso, los jugadores buscarán hasta que encuentren una libre en la que sentarse.

Indicación:

Este juego de contacto sólo debe llevarse a cabo con un grupo cuyos componentes se conozcan bien.

La nube con cinco gotas de lluvia

Material: de 6 a 10 fundas de almohada con cremallera o botones, globos.

Jugadores: mínimo 2 personas. **Edad:** a partir de 3 años.

En este juego y en el siguiente el adulto explica antes de empezar una breve historia como la siguiente:

«¿Sabéis? Anoche soñé con algo muy extraño. Soñé que venía un mago a visitarme y me pedía que volara hasta las nubes para traerle la nube con cinco gotas de lluvia. El pobre estaba desesperado porque no podía subir hasta ellas, pero para hacer magia necesita a toda costa esa nube. Me dijo que sólo algunas personas pueden volar hasta allí, así que le prometí que atraparía la nube y se la llevaría esta noche en sueños... ¿Queréis ayudarme?».

El director del juego rellena cada una de las fundas de almohada con un número diferente de globos hinchados, teniendo en cuenta que sólo una de las fundas llevará cinco globos en su interior. Luego se cierran y se colocan sobre el suelo.

A continuación, dos jugadores deberán ir palpando las fundas suavemente y sentarse rápidamente encima de la nube con cinco gotas de lluvia en cuanto la encuentren.

Columpiarse en las nubes

Material: varias fundas de almohada con cremallera o botones, globos, ocasionalmente música de relajación.

Jugadores: mínimo 1 persona.   **Edad:** a partir de 3 años.

Este juego va dirigido a niños muy pequeños o incluso a aquellos que todavía no hayan aprendido a andar. En primer lugar, el director del juego explica una breve historia como la siguiente:

«Esta noche he soñado con algo fantástico. Volaba hasta las nubes y al llegar me subía en ellas y saltaba por encima. Era una sensación maravillosa. ¿Queréis repetirlo conmigo?».

A continuación llenáis las fundas de almohadas con globos hinchados, las cerráis y las colocáis sobre el suelo. Luego los niños pueden tumbarse encima de las fundas o dejar que éstas se posen sobre ellos. Si los niños son muy pequeños, debéis ayudarlos a sostenerse.

Si llenáis muchas fundas y las colocáis por toda la habitación, obtendréis un precioso lecho de nubes trémulas sobre el que los niños podrán columpiarse.

Podéis acompañar el juego con una música tranquila de fondo.

¡Elefantes, a trabajar!

Material: una almohada por jugador.

Jugadores: mínimo 6 personas.   **Edad:** a partir de 3 años.

En algunos países, los elefantes se emplean para hacer trabajos pesados como transportar troncos de árboles muy grandes.

En primer lugar, los niños juegan a imitar el aspecto y los movimientos de los elefantes. Para ello extienden el brazo derecho por encima del codo izquierdo como si fuera la trompa y se tocan la nariz con la mano izquierda. Luego empiezan a caminar pesadamente por la habitación como elefantes moviendo la trompa a un lado y a otro.

El director del juego es el guía de elefantes, y los va dirigiendo para que se coloquen unos junto a otros formando una larga línea. En el suelo hay un tronco de árbol muy gordo y pesado (almohadas alineadas). ¡Ahora los elefantes tienen que trabajar! Se trata de que transporten el tronco hasta el otro extremo de la habitación.

El director del juego tendrá que tener mucho cuidado y dirigir muy bien a sus elefantes para que todos levanten el pesado tronco a la vez, es decir, para que cada niño levante una almohada con su trompa y la sostenga delante de él.

Cuando los elefantes hayan conseguido trasladar el tronco hasta el otro extremo, uno de los niños podrá ser el guía.

¡Qué mullida es mi almohada!

Material: una almohada por pareja, música variada de ritmos diferentes.

Jugadores: mínimo 2 personas.   **Edad:** a partir de 3 años.

Los jugadores se agrupan por parejas. Para este juego es conveniente que los componentes de la pareja se entiendan bien y sean afines.

Entre los dos deben sostener una almohada a modo de pieza de unión, pero primero deberán acordar la posición inicial, es decir, si la sostienen cabeza con cabeza, trasero con trasero, mano con mano, barriga con barriga, etc. y también la distancia que quieren guardar entre ellos.

Después suena la música. El director del juego debe ocuparse de incorporar diferentes tipos de música muy variados entre sí y con ritmos completamente distintos.

Las parejas van bailando al ritmo de la música. Cuando ésta cambie, deberán variar su forma de bailar y adaptarse al nuevo ritmo.

La posición de la almohada puede cambiarse en cualquier momento si los componentes de la pareja lo desean.

Al cabo de un determinado espacio de tiempo, se pueden cambiar las parejas.

Déjate mimar

Material: muchas almohadas, retales de diferentes pieles, mantas, colchones, pañuelos, música pausada.

Jugadores: mínimo 6 personas.   **Edad:** a partir de 3 años.

Este juego requiere mucha confianza y compenetración entre los participantes.

Un niño se tiende sobre el suelo y cierra los ojos. Los demás le preparan una cama entre todos sin pronunciar una palabra. Para confeccionarla pueden emplear almohadas, mantas, colchones, pañuelos, pieles... La tarea se puede amenizar con una música pausada de fondo que contribuya a la relajación.

Cuando la cama está lista, el grupo lleva al niño que estaba tendido hasta su lecho y le tapan. Si alguien quiere, puede contar alguna historia bonita para dormir.

Tango de almohadas

Material: una almohada por pareja, música variada (según la descripción del juego).

Jugadores: mínimo 6 personas.   **Edad:** a partir de 6 años.

Cada pareja tendrá que preparar un baile para una breve pieza musical que escogerán libremente.

Previamente el director del juego debe reunir una variada selección de canciones y piezas musicales diferentes entre las que los participantes puedan hacer su elección.

Los componentes de la pareja estarán unidos por una almohada, que sostendrán entre los dos. Aunque el director del juego puede proporcionarles alguna indicación y ayudarles, serán los jugadores quienes decidan la forma en que sostienen la almohada.

La almohada ofrece múltiples posibilidades para expresar sentimientos a través del baile: aproximarse con cuidado, apretarse, acariciarse, prodigarse mimos, alejarse, enamorarse de la almohada del compañero...

Globos voladores

Material: muchas almohadas (en función del número de jugadores).

Jugadores: mínimo 6 personas.   **Edad:** a partir de 3 años.

Los participantes se cubren todo el cuerpo con almohadas como si fueran globos y se tienden en el suelo en posición relajada.

El director del juego empieza contando una historia:

«Imaginaos que sois globos. Ahora estáis en el suelo, todavía vacíos, sin hinchar..., pero poco a poco va penetrando gas en vuestro interior y empezáis a elevaros. Ahora flotáis por el aire. Se levanta viento y giráis en un torbellino sin rumbo. Algunos globos chocan suavemente entre sí y rebotan. Luego perdéis un poco de gas y descendéis hacia el suelo, pero alguien os vuelve a llenar de gas y ascendéis otra vez. Sopla una potente ráfaga que os sacude con fuerza de un lado a otro. De pronto, vais a posaros sobre la copa de un árbol y explotáis».

Sólo un camino lleva al tesoro

Material: muchas almohadas, una caja de cartón pequeña (caja de zapatos) con sorpresa, un pañuelo o bufanda por jugador.

Jugadores: mínimo 6 personas.   **Edad:** a partir de 3 años.

En el suelo de una habitación espaciosa se disponen las almohadas formando un laberinto compuesto de diferentes caminos que se entrecruzan. Todos los caminos tienen que estar unidos entre sí, pero sólo uno de ellos llega al final.

El director del juego sitúa el cofre, que contiene una pequeña sorpresa, en la meta.

Antes de entrar en la habitación, los jugadores se quitan los zapatos y los calcetines, y se les coloca la venda en los ojos. El director del juego situará a cada uno en un punto de un camino del laberinto. A la señal de salida (un toque de gong, una campana...) los jugadores empiezan a recorrer el laberinto en busca del tesoro. Si dos jugadores se tropiezan, deberán sortearse con cuidado sin que ninguno de los dos salga del camino.

El jugador que descubra el tesoro se quitará la venda de los ojos y saldrá del laberinto. Sólo cuando todos hayan llegado al tesoro podrán abrirlo y repartirse la sorpresa.

Pistas:

Cuando sólo quede una persona en el laberinto, algunos jugadores pueden colocarse en el punto donde está escondido el tesoro y desde allí darle alguna pista (un silbido fuerte) para que también el último consiga llegar al final.

La feria anual

Material: una almohada por jugador.

Jugadores: mínimo 8 personas.　　　　　　**Edad:** a partir de 6 años.

El director del juego explica la siguiente historia:

«Estáis en una feria anual de objetos orientales porque queréis vender un artículo. De hecho es lo único que poseéis y por eso tenéis que venderlo al precio más caro posible porque necesitáis dinero para el vuelo de regreso.

»El objeto que queréis vender es la almohada que sostenéis en las manos, pero si lo vendéis como si fuera otra cosa y resultáis ser unos vendedores muy convincentes, quizás alguien os lo compre. En definitiva, tenéis que intentar engatusar al comprador y venderle el objeto».

Cada jugador recibe una almohada y decide qué objeto quiere que represente: un sombrero precioso, una silla, una bola de cristal en la que se puede ver el futuro, una alfombra voladora, un burro testarudo, una cobaya, un cofre con un tesoro, una lechuga podrida, un oso de peluche viejo...

No hay límites para la imaginación; no tiene que ser necesariamente un objeto real sino que puede ser inventado.

La feria anual puede empezar. Pregonad las excelencias de vuestro objeto y no os dejéis engañar, porque al mismo tiempo los demás os ofrecerán sus objetos. Sin embargo, cuando estéis realmente convencidos de que lo que os ofrecen es lo que realmente estáis buscando, lo compraréis.

Variante:

El director del juego puede preparar algunas tarjetas con nombres de objetos diversos para que en la feria no sólo se vendan objetos fantásticos y maravillosos. En ese caso los participantes escogerán una tarjeta y tendrán que vender el objeto que esté escrito en ella.

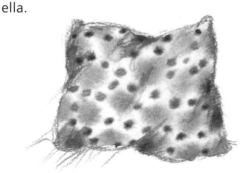

¡Qué cosquillas!

Material: algunas almohadas.

Jugadores: mínimo 8 personas. **Edad:** a partir de 3 años.

Todos los participantes se quitan los zapatos y los calcetines y se tienden en el suelo unos junto a otros con los pies apuntando al centro del corro.

El director del juego cubre todos los pies con almohadas y los jugadores cierran los ojos. Todo está a punto para empezar.

Los niños tienen que tocarse con los pies por debajo del montón de almohadas.

Indicación:
Los componentes del grupo han de conocerse bien.

Cabeza con cabeza

Material: una almohada por pareja, música variada (según la descripción del juego).

Jugadores: mínimo 8 personas.   **Edad:** a partir de 6 años.

Para este juego los participantes se agrupan de dos en dos y cada pareja recibe una almohada. También aquí las parejas escogen la posición o el modo en que van a sostenerla: cabeza- almohada-cabeza; trasero-almohada-trasero; barriga-almohada-barriga; espalda-almohada-espalda; pies-almohada-pies.

Luego, el director del juego indica un tema en voz alta. Cada pareja tendrá que representar el tema indicado mientras bailan al son de una música adecuada. Durante el baile se puede cambiar la posición de la almohada o se pueden incorporar más.

Algunos temas podrían ser los siguientes: rabia, miedo, amor, gatos traviesos, dos personas que buscan algo, una pelea, caricias.

Después se intercambian las parejas.

Variante:
El director del juego adjudica diferentes temas a cada pareja. Los participantes tienen unos minutos para pensar cómo van a representar su tema. A continuación, cada pareja hace su representación y el grupo tiene que adivinar de qué tema se trata.

Gusanos

Material: muchas almohadas, mantas y pañuelos, música pausada.

Jugadores: mínimo 5 personas.   **Edad:** a partir de 3 años.

Los jugadores se tienden boca abajo en el suelo. El director del juego los cubre con almohadas, mantas y pañuelos.

A continuación, el director del juego va repitiendo una y otra vez la siguiente historia:

«Imaginaos que sois unos gusanos que serpentean por el interior de la tierra. Unas veces os arrastráis hacia arriba y otras hacia abajo. De tanto en tanto os encontráis con otro gusano y os adelantáis con cuidado. De pronto empieza a llover y sacáis la cabeza hasta la superficie pero luego os volvéis a arrastrar hacia dentro».

Mientras dura el juego puede escucharse una música pausada de fondo.

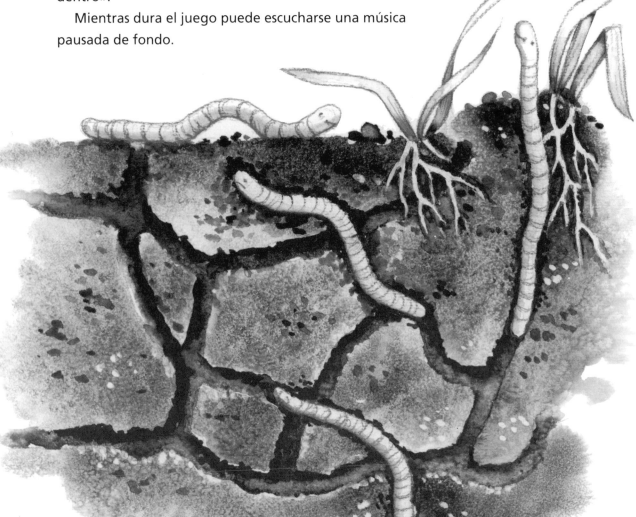

Cinta transportadora

Material: muchas almohadas, algunas sillas, música rítmica.

Jugadores: mínimo 8 personas.   **Edad:** a partir de 3 años.

Los jugadores se colocan unos detrás de otros, muy juntos, formando una fila compacta. Se distribuyen las almohadas por el suelo de la habitación o encima de algunas sillas, dejando espacio suficiente para pasar entre ellas.

Los niños representan una cinta transportadora que se pone en movimiento lentamente. Así, mientras empiezan a andar, el primero de la fila irá cogiendo almohadas y la cinta las irá transportando hacia atrás; la cinta se irá moviendo por la habitación en todas direcciones.

El primero de la fila determinará en cada momento el método de transporte de las almohadas: por encima de la cabeza, entre las piernas, por la derecha, por la izquierda, cogiéndolas con dos dedos, sosteniéndolas debajo del brazo, lanzándolas por encima de la cabeza, aguantándolas con un solo dedo...

Cuando la almohada llegue al último de la fila, éste la dejará caer. Quizás luego volverán a recoger la almohada en ese punto y la cinta la transportará de nuevo.

De vez en cuando la cinta se interrumpirá momentáneamente y el primero de la fila se situará al final. También puede detenerse en caso de que se produzca un atasco, pero no podrá romperse.

Cueva mullida

Material: mantas, colchones, almohadas, libros con ilustraciones (si es necesario).

Jugadores: mínimo 2 personas.   **Edad:** a partir de 3 años.

En primer lugar, los jugadores construyen entre todos una cueva grande con colchones, mantas y almohadas, y luego se tienden cómodamente en el interior con sus muñecos de peluche favoritos.

Una vez dentro, si alguien quiere puede contar una bonita historia a los demás o el director del juego puede leer un cuento de algún libro.

Resulta muy emocionante dormir de verdad una noche en la cueva todos juntos.

El hombre más gordo del mundo

Material: muchas almohadas y pañuelos, complementos variados para disfrazarse (en caso necesario).

Jugadores: mínimo 2 personas.   **Edad:** a partir de 3 años.

Con unas cuantas almohadas y pañuelos podemos convertir fácilmente a los niños en los hombres más gordos del mundo. Es conveniente que un adulto los ayude a realizar la transformación.

En primer lugar, los niños se recubren todo el cuerpo con almohadas atándolas con un pañuelo o un cordón a la barriga, alrededor de las piernas, en la espalda a modo de joroba o en los brazos. Luego se visten con las piezas de ropa más amplias que encuentren, por ejemplo, un vestido muy ancho, unos pantalones grandes o una chaqueta.

Sólo falta un sombrero divertido en la cabeza y... ¡ya tenemos a los hombres más gordos del mundo! Si son varios los que se han disfrazado se puede llevar a cabo una pequeña representación. También resulta muy divertido organizar un baile repleto de gordos que continuamente chocan entre sí.

Surcando las olas

Material: una cinta elástica y una almohada (ligera) por pareja.

Jugadores: mínimo 8 personas.   **Edad:** a partir de 6 años.

Cada pareja tiene una cinta elástica en cuyos extremos se ha hecho un nudo. Los componentes de la pareja se colocan uno delante del otro cogiendo la cinta por los extremos. Luego se coloca una almohada encima de la cinta elástica de algunas parejas.

Se trata de que las parejas que tienen una almohada encima de su cinta la lancen al aire y las parejas que no tienen ninguna la recojan con su cinta elástica. Por eso, es conveniente que las parejas se sitúen de dos en dos.

La almohada va pasando de una pareja a la otra y viceversa. Poco a poco se puede ir aumentando la distancia entre las dos parejas.

Cuando los participantes hayan practicado lo suficiente, pueden intentar seguir jugando moviéndose lentamente por la habitación.

Variante:

Las parejas se sitúan unas detrás de otras formando una larga fila. El director del juego coloca una almohada encima de la cinta elástica de la primera pareja. Ésta debe lanzarla a la cinta de la segunda, y así sucesivamente deben ir pasándose las almohadas que el director va poniendo en juego.

Transporte pesado

Material: muchas almohadas.

Jugadores: mínimo 8 personas.

Edad: a partir de 3 años.

La mitad de los jugadores serán un gran camión. Para ello se sitúan unos detrás de otros, muy juntos, y se colocan a gatas de modo que las espaldas configuren una única superficie de carga amplia.

El camión está listo para ser cargado. El resto del grupo coloca tantas almohadas como puedan sobre la superficie de carga. Acto seguido el camión se pone lentamente en movimiento e intenta transportar la carga a una cierta distancia sin perder ningún bulto durante el trayecto.

Luego los jugadores se intercambian los papeles.

Masaje de percusión

Material: colchones, muchas almohadas.

Jugadores: mínimo 2 personas (parejas).

Edad: a partir de 3 años.

Uno de los jugadores se tiende boca abajo encima de un colchón. El otro le cubre con almohadas para practicarle un masaje de percusión. Primero dará golpes suaves encima de las almohadas y poco a poco aumentará la intensidad de los golpes, teniendo cuidado de no golpear muy fuerte para no hacer daño a su compañero.

Al cabo de un tiempo se hace una pausa y el niño que estaba cubierto de almohadas explica qué sensación le ha producido el masaje.

A continuación los jugadores se intercambian los papeles.

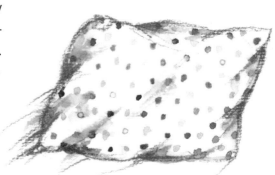

Dentro de la jaula

Material: una almohada por jugador.

Jugadores: mínimo 4 personas.   **Edad:** a partir de 3 años.

Cada jugador escoge un punto en la habitación y se coloca allí derecho encima de una almohada. El director del juego se sitúa a su vez en el centro de la habitación de forma que todos los jugadores le vean bien y va realizando diferentes movimientos encima de su almohada, que el resto de jugadores deberá imitar sin caerse de las almohadas.

En niño que pierda el equilibrio y pise fuera de la almohada será el siguiente en realizar los movimientos.

Variante:

Mientras suena una música tranquila de meditación, cada jugador realiza los movimientos que quiera encima de su almohada y con los ojos cerrados.

Palabras sobre el suelo

Material: muchas almohadas, pañuelos o bufandas.

Jugadores: mínimo 2 personas.   **Edad:** a partir de 6 años.

Antes de empezar, los jugadores salen de la habitación.

Entonces el director del juego escribe con almohadas una palabra corta sobre el suelo. Antes de entrar, los jugadores se agrupan por parejas. Uno de los dos niños de la pareja se quita los zapatos y los calcetines, y se le vendan los ojos. A continuación el compañero guía a su pareja al interior de la habitación y le sitúa al inicio de la palabra. El niño con los ojos vendados tiene que caminar descalzo sobre las almohadas y adivinar qué palabra está escrita en el suelo. Su compañero le acompaña durante el trayecto.

Las parejas empiezan una detrás de otra dejando una distancia prudencial entre ellas.

Es importante que este juego se lleve a cabo con mucho silencio.

Luego los componentes de la pareja se intercambian los papeles.

Mozos de equipaje

Material: muchas almohadas, sombreros y otros complementos para disfrazarse (si es necesario).

Jugadores: mínimo 8 personas.   **Edad:** a partir de 4 años.

En una estación grande suele haber muchos mozos de equipaje que se dedican a acarrear montones de maletas. Su trabajo es muy fatigoso, sobre todo cuando los pasajeros tienen mucha prisa y la estación está llena de mozos que corren arriba y abajo.

Los jugadores se agrupan por parejas. Uno de los dos es el mozo de equipaje y el otro, el pasajero. Cada pasajero tiene un número considerable de maletas (almohadas) que entrega al mozo de equipaje para que las lleve. Cuando los mozos están cargados, el juego puede empezar. Los pasajeros y sus mozos se ponen en marcha, ya que los primeros tienen que subir sin falta a un tren, pero la estación está repleta de gente y por todas partes se ve correr a otros mozos y pasajeros que, a su vez, también tienen mucha prisa. Los mozos tropiezan unos con otros y todas las maletas caen al suelo con el consiguiente enfado de los pasajeros...

¡Qué divertido!

Se pueden adjudicar otros personajes, como por ejemplo, ladrones de carteras, patinadores, un perro mordedor, policías, revisores, niños llorones...

El director del juego puede preparar complementos para que los niños se disfracen.

Traspaso de equipaje

Material: muchas almohadas, ocasionalmente música de baile.

Jugadores: mínimo 8 personas. **Edad:** a partir de 3 años.

Estamos de nuevo en una gran estación, pero esta vez está repleta de mozos de equipaje perezosos y deseosos de encontrar a un compañero desocupado para poder traspasarles el equipaje.

La mitad del grupo carga el equipaje (almohadas) mientras la otra mitad se pasea por la habitación con las manos vacías. Los mozos cargados hasta arriba de maletas se ponen en movimiento y transportan su equipaje hasta otro mozo que en ese momento está libre. Seguidamente se realiza el traspaso del equipaje, pero ninguna maleta puede caerse al suelo mientras se lleva a cabo el procedimiento. Luego, los mozos que acaban de recoger el equipaje lo transportan a su vez hasta el siguiente mozo, y así sucesivamente.

Este juego se puede acompañar con una música rápida de fondo.

Esconder la mueca

Material: una almohada por jugador, campana, gong o un instrumento similar.

Jugadores: mínimo 6 personas.   **Edad:** a partir de 3 años.

En primer lugar, se entrega una almohada a cada jugador. Luego los niños se sitúan en corro con las caras dirigidas hacia el centro.

A continuación los niños sostienen la almohada delante de la cara para que no se vea y hacen una mueca grotesca. Al escuchar la señal acordada previamente (un toque de campana o de gong), todos los jugadores bajan sus almohadas a la vez y descubren sus muecas.

¡Seguro que se produce un estallido de risas!

Variante:

Otra posibilidad es que el director del juego proporcione indicaciones con respecto a las muecas.

Por ejemplo, en la próxima ronda pondremos cara de:

- enfadados
- enamorados
- aburridos
- tontos
- arrogantes
- asustados
- tímidos
- tristes
- impacientes
- curiosos
- nerviosos
- testarudos

Lo siento, no le entiendo

Material: una almohada por jugador.

Jugadores: mínimo 6 personas. **Edad:** a partir de 6 años.

Los jugadores se dividen en dos grupos. A continuación, se entregan dos almohadas a cada jugador de uno de los grupos para que se tapen las orejas con ellas de modo que no puedan oír nada. Entonces el otro grupo debe escoger una frase para transmitir a los demás, por ejemplo: ¿Qué día tan bonito, verdad? o ¿Sabe que pronto llega la Navidad?

Cuando el segundo grupo haya acordado qué frase es la que quieren transmitir, empezarán a caminar por toda la habitación. Mientras tanto, los demás siguen tapándose los oídos con las almohadas.

El segundo grupo intentará transmitir su mensaje parando a los miembros del primer grupo y gritándoles la frase en voz alta. También pueden ayudarse con gestos y mímica. Cuando algún «sordo» crea haber comprendido finalmente el mensaje, levantará la mano y hará un intento. Si la respuesta es acertada, los grupos se intercambiarán los papeles. En caso contrario, seguirán jugando hasta que otro jugador entienda lo que le dicen.

¡Socorro, mi almohada me persigue!

Material: una almohada por jugador, tarjetas con situaciones (según la descripción del juego).

Jugadores: mínimo 8 personas.   **Edad:** a partir de 10 años.

Previamente, el director del juego prepara tarjetas para cada jugador, en las que escribirá diferentes situaciones, por ejemplo:

- Adoras a la almohada como si fuera un dios y por eso intentas convencer a los demás de que también la adoren y le recen.
- Estás enamorado de la almohada, pero eres muy tímido.
- La almohada es una rosa perfumada que quieres mostrar a todos.
- La almohada es una pasta pegajosa de la que quieres deshacerte a toda costa.
- La almohada es un perro vagabundo que te persigue.
- La almohada es un colchón de agua que te causa muchos problemas.
- La almohada es una preciosa caracola de mar que te susurra palabras fantásticas al oído.
- La almohada es el maestro que te acaba de suspender el examen.
- La almohada es un ratón que corre como un loco para escapar del gato.

Todos los jugadores reciben una almohada. Después, el director del juego distribuye las tarjetas. Los participantes disponen de unos minutos para ensayar su situación. A continuación, los jugadores representan uno tras otro sus situaciones y los demás tienen que adivinar de qué situación se trata.

Variante:
También se pueden repartir las tarjetas entre grupos reducidos. En ese caso, cada grupo deberá representar en común la situación adjudicada.

¡Hola!, ¿quieres mi ratón?

Material: una almohada por jugador, tarjetas con situaciones (según la descripción del juego).

Jugadores: mínimo 8 personas.   **Edad:** a partir de 10 años.

Al igual que en el juego anterior, también en éste se entrega una almohada y una tarjeta con una situación a cada jugador. Es conveniente llevar a cabo los dos juegos consecutivamente.

Cuando todos los jugadores han efectuado su representación ante el grupo, se levantan y empiezan a andar libremente con sus almohadas por toda la habitación entablando una conversación entre ellos. De hecho deben seguir representando el personaje que les había tocado, pero en este caso deben lamentarse de su suerte e intentar deshacerse de su almohada entregándola al otro. Así, por ejemplo, el perro vagabundo pasa a perseguir a otro jugador o alguien intenta por todos los medios robar la rosa perfumada... Se trata de dar rienda suelta a la imaginación.

Naturalmente, podéis inventar otras muchas situaciones.